JN014878

東日本の廃村旅

北海道
東北（青森・岩手・秋田・山形・福島）
関東（群馬・埼玉・東京）
甲信越（新潟・長野）
東海（静岡・岐阜・三重）

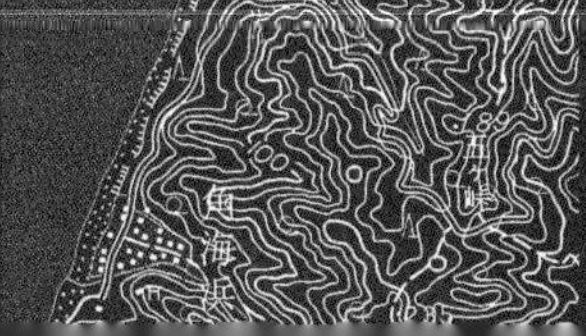

●北海道

初めて北海道の旅で廃村を意識したのは、1989（平成元）年8月、30泊31日のツーリングで訪ねた宗谷・猿払《さるふつ》村の戦後開拓集落 猿骨《さるこつ》開拓だった。『北海道探検記』（本多勝一著）に載っていた開拓農家を見つけ、驚いたものだった。

近年の旅は3泊4日ぐらいだが、足を運びたい未訪の廃村が各所に多数あるため、年に3回訪ねることもある。訪ねる際は、管内ごとなどに的を絞るよう心がけている。

●東北

東北といえば、1998（平成10）年秋、東京・神田の書店で見つけた『秋田・消えた村の記録』（佐藤晃之輔著）が欠かせない。佐藤さんとの縁のおかげで、『日本廃村百選』を秋田の出版社から刊行することができた。

筆者が住む埼玉からだと、新幹線に乗れば東北は近い。足を運びたい未訪の廃村が青森、岩手、山形、福島に多くあるので、県ごとに的を絞り、年に3〜4回は訪ねたい。

●関東

首都圏と広い平野がある関東は、廃村の数自体が少ない。それでも東京・奥多摩や埼玉・秩父へ足を伸ばすと、傾斜が大きい山の中に廃村の風景が広がっている。ともに埼玉・浦和からならば、気軽に足を運ぶことができる。

東京都伊豆諸島、小笠原諸島には本格的な離島の風景がある。筆者が2004年秋と2006年夏に訪ねた八丈小島は、簡単には行けないが、ガイド付きのツアーが催されている。

●甲信越

1981（昭和56）年3月、筆者は新潟県で偶然初めての廃村 角海浜に出会った。それはまさに、人生を変える出来事だった。

埼玉から見ると、新幹線が通じる新潟と長野県北部は近くに、南部（南信）は遠くに感じられる。長野はバイクに乗っているうちに、各所に足を運ぶことができてよかった。

足を運びたい未訪の廃村は、新潟県関川村、佐渡市（佐渡島）に残っている。

●東海

岐阜県美濃の根尾《ねお》村、徳山《とくやま》村は、1987（昭和62）年9月と12月、バイクで初めて訪ねて以来、なじみができている。「いつになったらできるのだろう」と思っていた徳山ダムも、なじみを感じるようになってきた。

岐阜県でも飛騨は、埼玉からも実家があった大阪からも遠くに感じられる。足を運びたい未訪の廃村は、岐阜県飛騨市、白川村に残っている。

廃村旅を節目で振り返る（その１）

はじまりから500ヵ所目まで、32年かかった。

◎　100ヵ所目

大錠《おおじょう》（秋田県上小阿仁《かみこあに》村、平成12年10月）

◎　200ヵ所目

元山《もとやま》（群馬県中之条町、平成18年5月）

◎　300ヵ所目

民部平《みんぶたい》（青森県平川市、平成21年6月）

◎　400ヵ所目

黒蔵《くろぞう》（愛媛県四国中央市、平成23年5月）

◎　500ヵ所目

神土《じんど》（福井県南越前町、平成25年7月）

北海道

北炭夕張《ほくたんゆうばり》

雪融け頃に訪ねた大きな炭鉱町跡

夕張市福住《ふくずみ》ほか

移転年　2003（平成15）年頃
戸数　4880戸（昭和33）
閉山に伴い移転【炭鉱集落】
標高　343m（旭小学校跡）

累計訪問数
434ヵ所
1

北炭夕張は、石狩川水系志幌加別《しほろかべつ》川沿いの山間部にあった炭鉱集落で、JR新夕張駅から18km（クルマで36分）。戸数（昭和33）は、福住だけでも1505戸あった。

北炭夕張炭鉱は、1890（明治23）年に成立。炭鉱町は、社光《しゃこう》、高松、小松、住初《すみぞめ》、福住、富岡、錦、丁未《ていみ》に分かれていた。北炭（北海道炭砿汽船）は三井系で、産出した石炭は鉄道（国鉄夕張線、北炭夕張鉄道）で室蘭港、小樽港に運ばれた。

三菱大夕張炭鉱、北炭真谷地《まやち》炭鉱など、複数の大規模炭鉱があった夕張市は、1955（昭和30）年には人口10万7332人を擁していた。しかし、1960年代から進行したエネルギー革命により、エネルギーの主役は石炭・木炭から石油・プロパンガスへと移行し、北炭夕張炭鉱は77年11月に閉山となった。跡地には「石炭の歴史村」が開設されたが、2007（平成19）年に市が財政破綻するなど、先行きは険しい。

炭鉱町跡には、観光施設と廃墟が混在していた

北炭夕張には、２０１２（平成24）年５月上旬、宿泊地の清水沢から社光行き夕鉄バスに乗って出かけた。社光バス停の周辺（社光炭住街、平成12年頃無住化）には、公園と５月中旬営業開始という観光施設「花畑牧場 夕張希望の丘」があるのみだった。希望の丘の施設の先に構える高松跨線橋は、鉄道を跨いでいたコンクリ橋で、右側（山側）には高

鉄道を跨いでいた高松跨線橋（平成24年5月2日（金））

宿泊施設として使われた旭小学校跡校舎の遠景

大きな体育館では、倒れたピアノが見られた

松炭住街（平成10年頃無住化）、左側には共同浴場があったという。浴場跡には映画のセットを使った観光施設「北の零年 希望の杜」が建っていた。

　北の零年の施設からは、谷を挟んで小学校跡の校舎が見えた。夕張第二小学校は、へき地等級無級、児童数２６３８名（昭和34）、１９０４（明治37）年開校、75（昭和50）年統合閉校。三つの小学校の統合で夕張第二小学校を引き継ぎ旭小学校が創立したが、82（昭和57）年閉校。最終年度の児童数は60名。校舎は公営の宿泊施設「ファミリースクールふれあい」として使われたが、所在地の福住炭住街は２００３（平成15）年頃に無住化し、「ふれあい」は市の財政破綻に先立って06年に閉鎖となった。

　谷の向こう側へと歩いて、足を運んだ住初の夕張神社からは、「夕張希望の丘」と書かれた赤くて大きな煙突がよく見えた。この煙突も炭鉱の頃からのものだのだろう。神社の参道を背にして、左側に入っていくと、明らかに使われていない舗装道があって、その先には旧旭小学校のＲＣ造三階建の校舎がそびえていた。５年少し前までは使われていた校

炭鉱時代から建つ「夕張希望の丘」と書かれた大きな煙突

舎だが、中の様子を見ると、気候のせいか、人為的な破壊のせいか、驚くほど荒れていた。三階まで上がって通路を進むと、大きな体育館にたどり着いた。荒れた感じが薄い体育館では、北炭夕張が繁栄していた頃を偲ぶことができた。

体育館からは、三階の高さになっている平屋建の建物を通って外へ出た。建物から出てすぐの斜面には、フキノトウが群生している。谷のほうを見ると、赤色の花畑牧場ショップがぽつんと建っており、後にショップのあたりが夕張駅（昭和60年移転、平成31年4月廃止）の構内だったことがわかった。

北炭夕張は空知管内、通じる鉄道は廃止された。

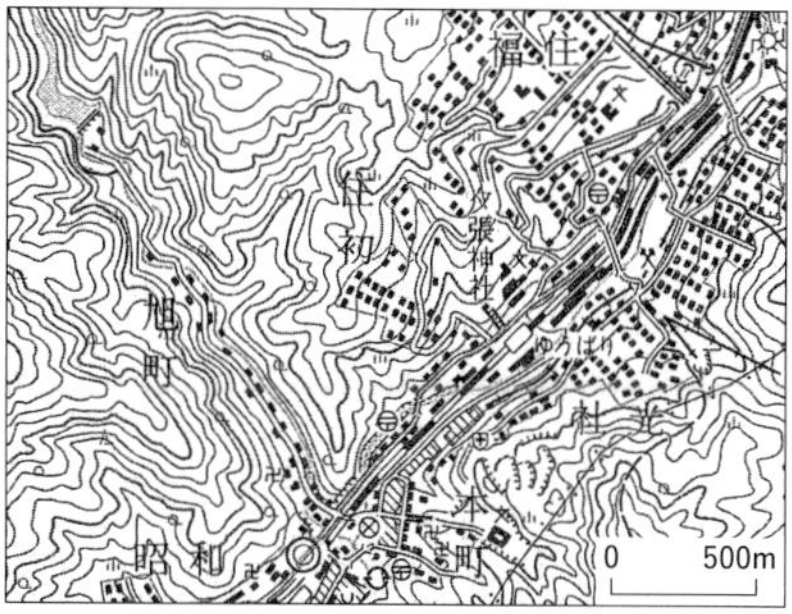

五万地形図 夕張（国土地理院、昭和43）
密集した家屋に、炭鉱都市の趣が感じられる。

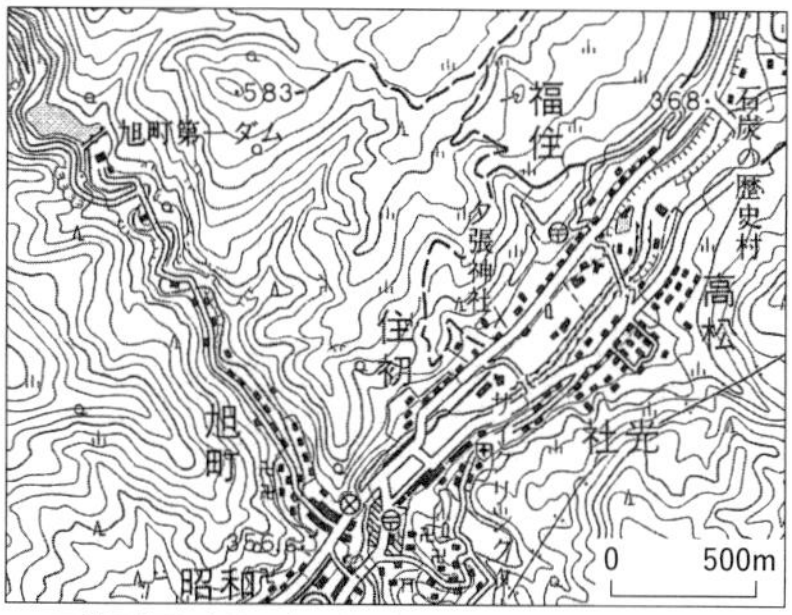

五万地形図 夕張（国土地理院、平成8）
まだ高松、福住にわずかに炭住が残っている。

北海道

東美唄《ひがしびばい》

雪の中訪ねた炭鉱町跡の円形校舎

美唄市東美唄町

移転年　1974（昭和49）年
戸数　4002戸（昭和35）
閉山により移転【炭鉱集落】
標高　140m（沼東《しょうとう》小学校跡）

累計訪問数
138ヵ所

2

東美唄は、石狩川水系美唄川沿いの山間部にあった炭鉱集落で、JR美唄駅から9km（クルマで18分）。手前の集落 我路《がろ》は、川を挟んで隣接している。

三菱美唄炭鉱は、1915（大正4）年に成立。炭鉱町は、番町、我路の沢、月見台、旭台、常盤台などに分かれていた。美唄駅から常盤台までは鉄道（三菱鉱業美唄鉄道）が通じており、我路には多くの商業施設ができていた。

三井美唄炭鉱もあった美唄市は、1955（昭和30）年には人口8万8667人を擁していた。1万9000人が住む東美唄は、山間の炭鉱都市だった。しかし、エネルギー革命の進行により、炭鉱は72年4月に閉山となり、鉄道は翌5月に廃止された。炭鉱町の大部分は国有林で、74年にはほぼ無住となった。集落の消失の規模としては、夕張市北炭夕張、鹿島（三菱大夕張）とともに日本最大級といえる。

小学校跡の円形校舎は、SFの世界のようだった

東美唄には、2003（平成15）年1月、美唄駅から市民バスに乗って出かけた。手前の我路でバスを降り、二階建レンガ造りの簡易郵便局や昔ながらの商店などを訪ねた後、川を渡るとその先は無住の東美唄になる。視界右手のスキー場のゲレンデにはちらほらとスキーヤーの姿が見られた。往時の面影を残す廃墟として知られる沼東小学校跡の円形校

小学校跡の円形校舎が見えてきた（平成15年1月17日（金））

近づくとその存在感は大きくなった

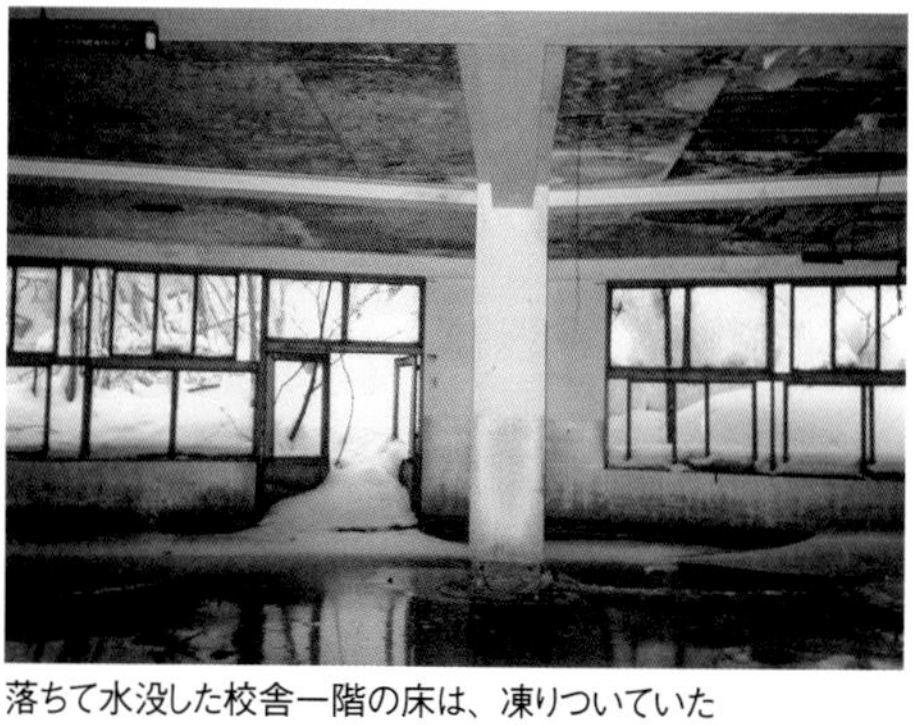

落ちて水没した校舎一階の床は、凍りついていた

舎は、レストハウスからだと我路の沢の橋を渡って、沢沿いに500mほど上がったところにある。しかし、心当たりの場所に道らしきものはなく、積雪は1m強。近くには露天掘りの石炭の集積場があり、トラック運転手の視線が感じられる。

迷っていても仕方ないので、雪原にカンジキを履いて足を踏み入れたのは午後3時20分。パウダースノーのため、膝まで埋もれてしまう。足先を雪に潜らせながら「どのくらい歩くかな」とおそるおそる進んでいくと、10分ほどで視界が広がり、円形校舎が姿を現した。モノトーンの景色の中の大きな廃墟は、SFの世界のように思えた。

沼東小学校は、へき地等級無級、児童数1526名（昭和34）、1906（明治39）年開校、74（昭和49）年閉校。沼東は美唄市の旧称 沼貝《ぬまがい》村の東部を意味する。RC造三階建ての円形校舎は59年建立。往時は二棟続きのメガネ状で、華のある建物だったという。二階に近い階段の途中から中に入ると、中央部には廊下と螺旋《らせん》階段。廊下に沿って六つの教室があった。なお、最盛期、我路、東美唄には四校の小学校があった。一階は床が落ち

体育館の屋根は骨組みだけになっていた

て水没していたが、凍りついていたため、歩いて一周することができた。円形校舎を出て少しだけ山側に向かうと、骨組みだけになった体育館が見つかった。それでも屋根には雪が積もっており、床の部分は枯草が見えるぐらいしか雪は積もっていなかった。

探索中は、ずっとスキー場からの賑やかな音楽がかすかに聞こえていた。BGM付きの廃墟探索は珍しいことだが、雰囲気が乱されるというよりは、さびしさを紛らすというプラスの効果が大きかった。車道へ戻ってきたのは午後4時20分。季節柄空はどんどん暗くなり、スキー場のゲレンデはライトで照らされていた。

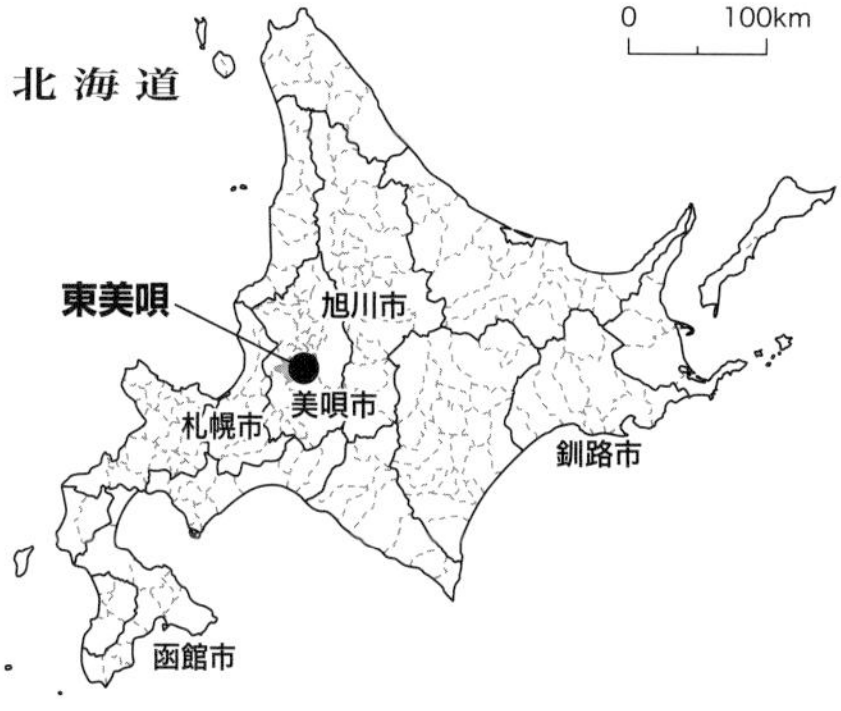

東美唄は空知管内、通じる定期バスは廃止された。

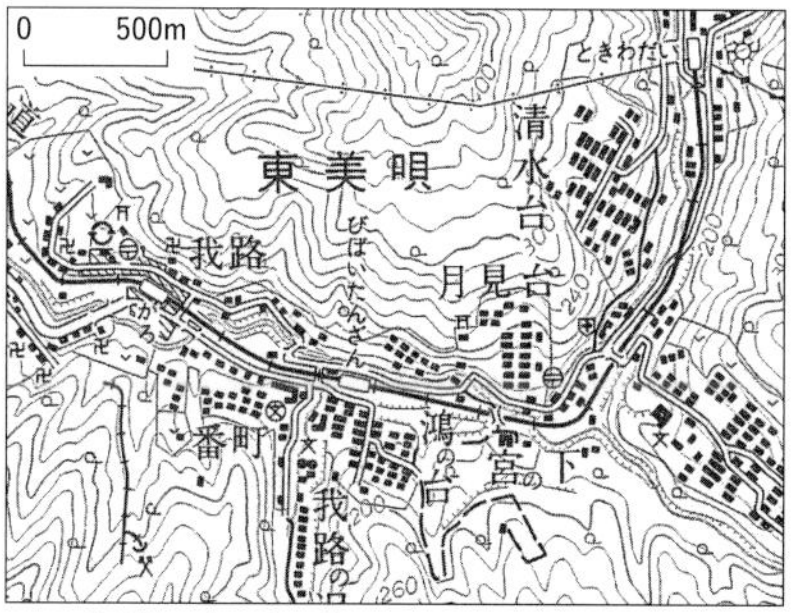

五万地形図 岩見沢（国土地理院、昭和44）
川に沿った斜面に多くの住宅が建っていた。

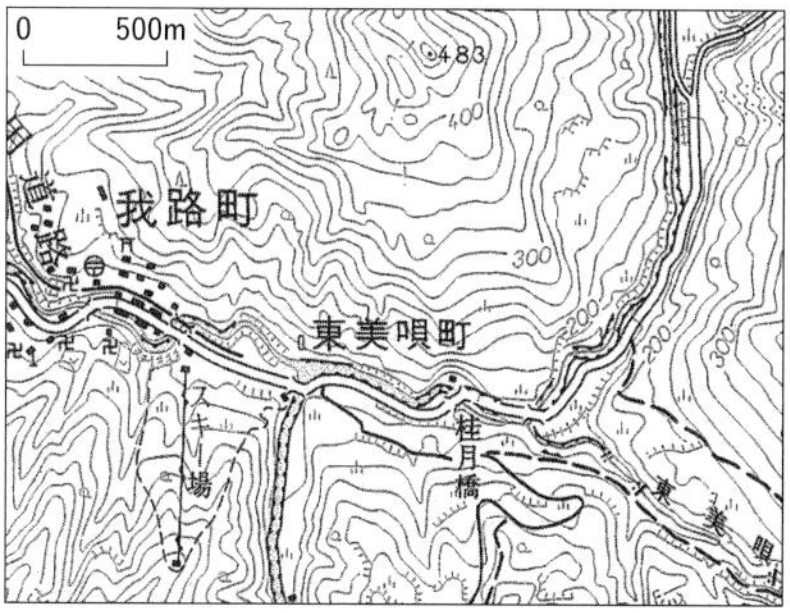

五万地形図 岩見沢（国土地理院、平成8）
我路簡易郵便局も平成26年に閉鎖となった。

北海道

オブカル石《おぶかるいし》

真冬に訪ねたニシン漁があった漁村

古宇《ふるう》郡神恵内《かもえない》村
珊内《さんない》村オブカル石

移転年　1966（昭和41）年
戸数　11戸（昭和37）
集団移転【漁村】
標高　19m（学校跡）

累計訪問数 773ヵ所　3

オブカル石は積丹《しゃこたん》半島西側、日本海沿岸にあった漁村で、神恵内村中心部からは16km（クルマで32分）。海沿いの廃村は本州ではめったにないが、北海道では所々にある。

北海道・日本海側の漁の町、漁村は、明治期から昭和初期にかけてニシン漁で栄えた。ニシンの漁期は春先で、食用よりも肥料に加工されて使われることが多く、日本全国へ運ばれていった。大きな漁家には、多くの出稼ぎ者が入っていた。昭和に入ってニシンの群れは北上し、かつ減少していき、昭和30年代にはその漁獲量はわずかなものになった。

ニシン漁が盛んな頃の北海道・日本海側の交通は陸路よりも海路が一般的で、海に山が迫る積丹半島西岸や増毛《ましげ》・雄冬《おふゆ》ではその後も長い間車道が通じなかった。神恵内村川白《かわしら》からオブカル石を経て積丹町沼前《ぬままえ》までの8kmの車道が通じ、積丹半島周回道路（国道229号）が全通したのは1996（平成8）年のことである。

海岸沿いの廃村の風景はとても美しかった

初めてのオブカル石には、２０１８（平成30）年2月上旬、単独レンタカーで出かけた。余市《よいち》でクルマを借り、時計と反対回りで積丹半島を回り、訪ねた景勝地 神威《かむい》岬は海にせり出しており、強い風で飛ばされるため雪はあまり積もっていなかった。

西《さい》の河原《かわら》トンネルを抜けるとすぐ左手に駐車スペースがあったので、クルマを停めると、

小学校跡へと続く雪道に挑む（平成30年2月8日（木））

小学校跡（展望公園）には白い親子像が建っていた

小学校跡から冬の日本海を展望する

国道が全通した頃に建った「西の河原レストハウス」跡の建物が迎えてくれた。入口には「積丹まりんマーケット平成22年4月オープン予定」とあったが、開業することはなかったのであろう。駐車スペースの少し先の河口には「オブカル石川」の標柱が建っていた。

　オブカル石はニシン漁の基地として早い時期（明治初期）から開けていたが、漁が不振となってからは交通の不便さなどから集落は廃れ、高度経済成長期には暮らしが成り立たなくなった。オブカル石にあった安内《あんない》小学校は、へき地等級5級、児童数24名（昭和34）、１８８４（明治17）年開校、１９６７（昭和42）年閉校。河口から７００ｍ南の高台にある学校跡は、「あんない展望公園」になっており、国道からでもひと目でそれとわかる。

夏のレストハウス跡の建物（平成30年6月9日（土））

　クルマを展望公園入口に停め、様子を見たところ、入口から公園までの上り坂は雪に埋もれていた。長靴とカンジキを用意して挑むことになったのは午後2時5分。見た目にはすぐ近くの展望公園だが、斜面にたまった雪は深く、斜度もあってなかなか先に進むことができない。象徴的な白い親子像の場所にたどり着くまで正味20分かかった。冬の積丹半島は、天気が荒れると横風で雪が舞い上がり、たびたび通行止になるという。展望台から広がる海景色を見渡しながら、無事にたどり着いたことに感謝した。陽の差し方によって明暗が変化する冬の海景色は、記憶に残る美しさだった。その他、公園内では「昭和天皇御大典」記念碑、公園下では「心勿忘《こころわすれなかれ》」と刻まれた学校跡記念碑を見つけた。

同年6月上旬、Ｔｅａｍ ＨＥＹＡＮＥＹＯメンバーの成瀬健太さん（昭和58年生）と2人で再訪したときは、レストハウス跡そばの十一面観音堂にも足を運ぶことができた。冬に比べると短時間で広範囲を探索できたが、インパクトは冬のほうが強かった。

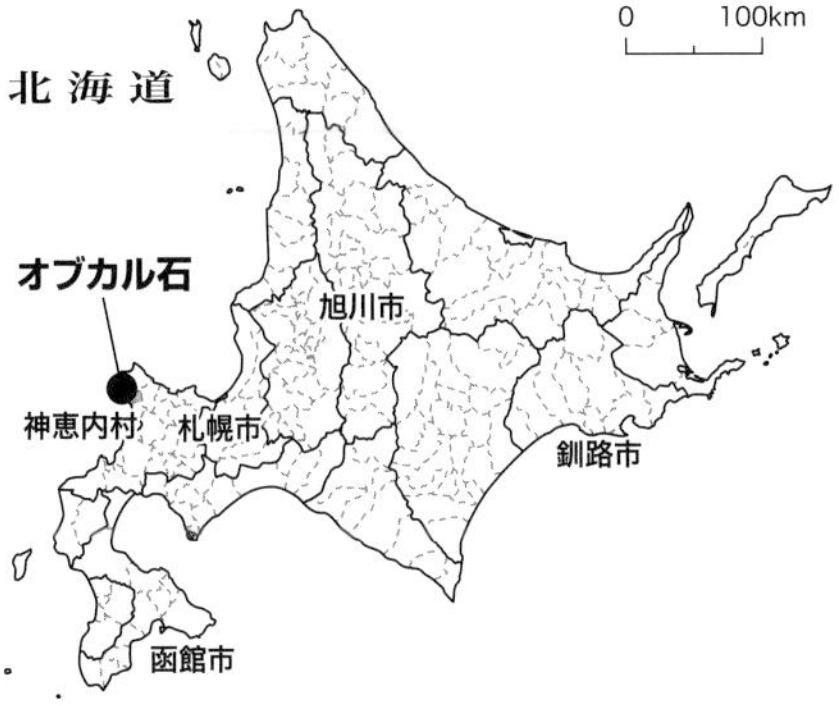

オブカル石は、後志管内・積丹半島の海沿いにある。

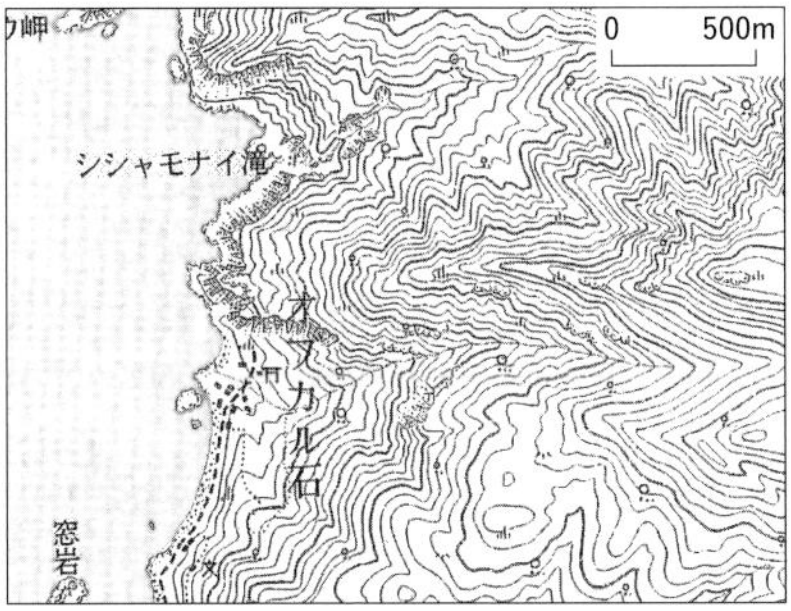

五万地形図 余別（地理調査所、昭和35）
オブカル石川河口の南側に家屋が集まる。

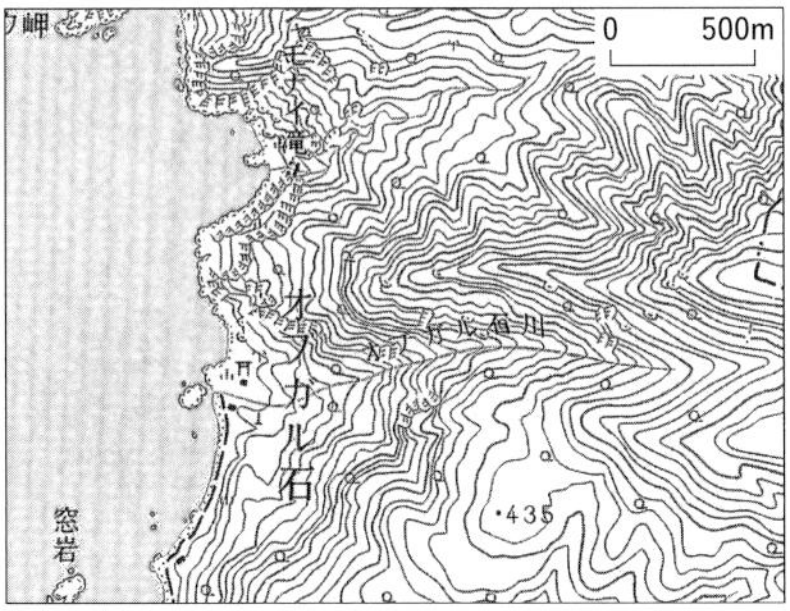

五万地形図 余別（国土地理院、平成5）
積丹半島を周回する国道は、平成8年に通じた。

北海道

中雄柏《なかゆうはく》

木々の中に潜むニノキン像に会いに行く

紋別郡滝上町《たきのうえ》
オシラネップ原野中雄柏

移転年　2017（平成29）年
戸数　34戸（昭和38）
個別移転【農山村】
標高　149m（学校跡）

累計訪問数
859ヵ所
4

中雄柏は、オホーツク海に注ぐ渚滑《しょこつ》川水系オシラネップ川中流域にあった農山村で、滝上市街から10㎞（クルマで20分）。オシラネップ原野という住居表示は、滝上市街のそばからオシラネップ川沿いに25㎞にわたるので、本流の下流側から濁川《にごりかわ》、下雄柏、中雄柏、上雄柏、拓雄《たくゆう》、支流の雄背牛《おせうし》の六行政区に分かれている。

オシラネップ原野の開拓は、大正初期から始まった。1934（昭和9）年には、濁川を起点とした延長17・7㎞の森林鉄道が完成し、二十四線（上雄柏）に官設駅逓所《えきていしょ》（北海道独自の郵便・宿泊等の施設）が設置された。昭和30年代の滝上町農山村の主な農産物は、大豆などの豆類、工業用・食品用でんぷんの原料である馬鈴薯、寒冷地に適したハッカだった。積雪地のため、夏は農耕、冬は造材というのが生活のパターンだった。滝上町は林業が盛んで、濁川の貯木場にはたくさんの木材が運ばれた。

高度経済成長期を迎え、林業市場が国際的になったことから、国内の林業は競争力を失った。1963(昭和38)年には34戸166名を有した中雄柏だが、離農が進んだ72年には14戸38名に減少しており、雄柏中学校は72年に、雄柏小学校は翌73年に廃校となった。そして2017(平成29)年、中雄柏から最後の住民が移転し、濁川よりも上流側のオシラネップ原野に住むのは、下雄柏の2戸の酪農家のみとなった。

雪に埋もれたニノキン像(平成31年2月11日(月祝))

新緑を背にしたニノキン像(令和元年5月25日(土))

茂った木々の中、足元に花が咲く(令和2年8月18日(火))

二宮金次郎は、季節ごとに違った表情を見せた

初めて中雄柏を訪ねたのは、２０１９（平成31）年２月のことだった。探索仲間 田中基博さんのクルマによる３人の合同探索で、オシラネップ川沿いの道道を走り、高雄橋を渡ると、商店跡の建物が迎えてくれた。

雄柏小学校は、へき地等級１級、児童数69名（昭和34）、１９１１（明治44）年開校、73（昭和48）年閉校。商店跡のそばでクルマから降りて学校跡をうかがうと、構造改善センター（公民館）の先に教員住宅が見えたが、雪は膝まで埋まるぐらい積もっている。スノーシューで先へと進む友人の後を長靴で続くと、雪原の中、皇紀２６００年（昭和15年）建立の二宮金次郎像が迎えてくれた。教員住宅はニノキン像の少し先に建っており、「お邪魔します」と挨拶をして中に入ると、往時からの鏡や校歌が書かれた黒板が残っていた。その他、学校跡ではレンガ造りの煙突が見つかった。

二度目は、２０１９（令和元）年5月、クルマ2台、４人の合同探索で出かけた。このとき同行していた探索仲間の辻加寿彦《かずひこ》さんは、教師の父親が赴任していた中雄柏で幼少期

学校跡そばに建つ構造改善センター（平成31年2月）

を過ごした。往時を知る辻さんの案内を受けると、学校跡や教員住宅の様子がより鮮明なものとなった。青空と新緑を背にしたニノキン像は凛《りん》としていた。

三度目は、２０２０（令和２）年８月、単独レンタカーで訪ねた。茂みのせいか、構造改善センターの建物は使われていない感じが強くなっていた。建物の奥には電柵に囲まれた蜂蜜の樽が置かれていた。冬はもちろん、５月に訪ねたときも見なかったものだ。電柵の奥、「茂みの中にひっそり潜んでいるんだろう」と思ったニノキン像の足元には、黄色い花が咲いていた。

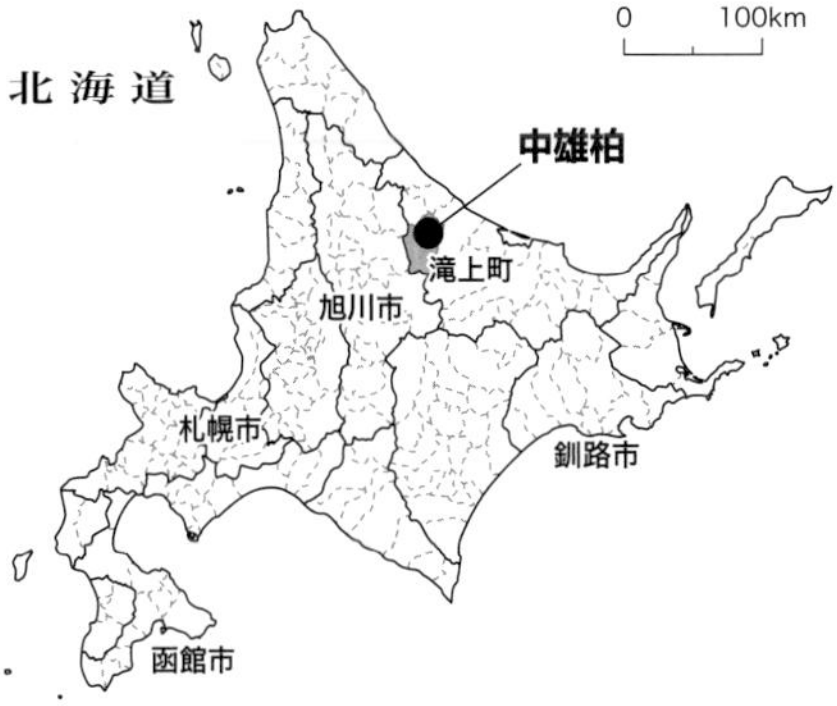

中雄柏は、オホーツク管内内陸部の原野にある。

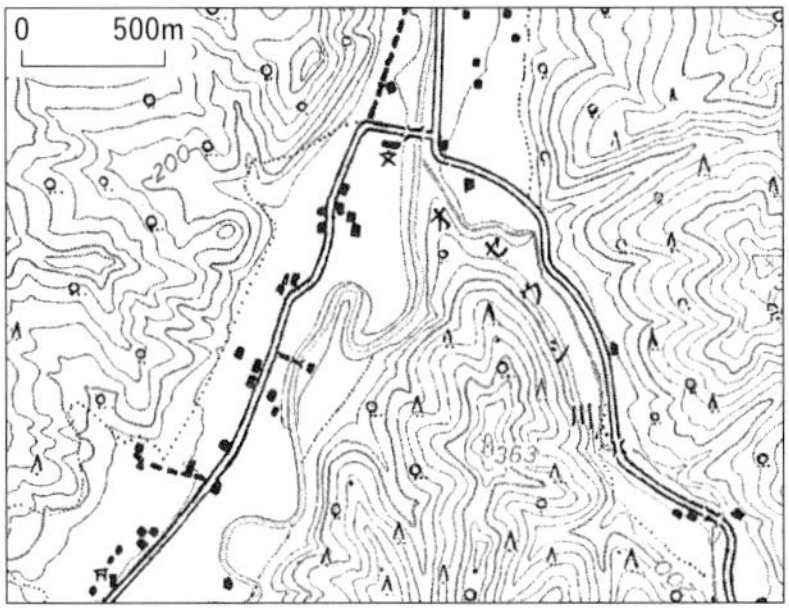

五万地形図 立牛（国土地理院、昭和48）
「文」マーク（学校）とたくさんの家々が記されている。

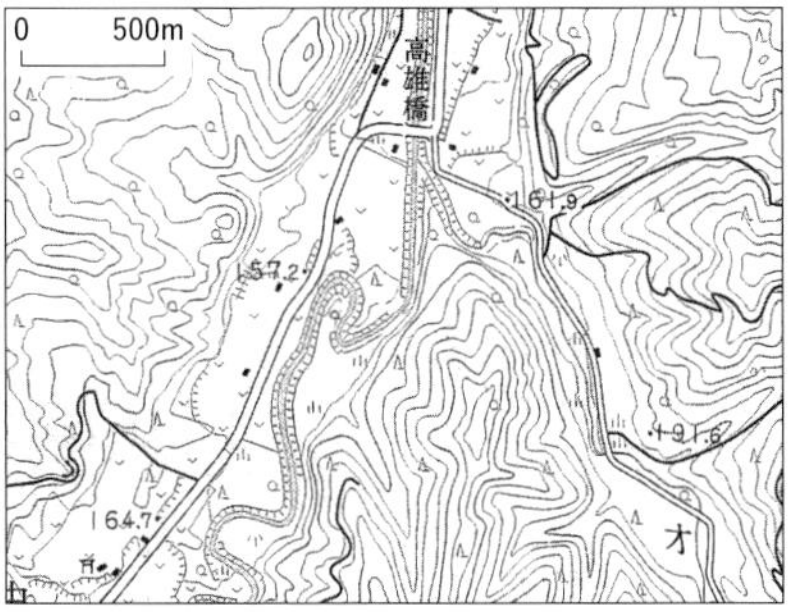

五万地形図 立牛（国土地理院、平成３）
この頃（平成3年頃）には、５戸の暮らしがあった。

北海道

山軽《やまがる》

JRの駅名標が残る北辺の村跡

枝幸《えさし》郡浜頓別《はまとんべつ》町山軽

移転年　1969（昭和44）年頃
戸数　18戸（昭和31）
個別移転【農山村】
標高　10ｍ（学校跡）

累計訪問数
949ヵ所
5

山軽は、オホーツク海に注ぐ頓別川水系クッチャロ湖のそばにあった農山村で、浜頓別市街から８㎞（クルマで16分）。バス停と駅跡は１㎞強離れている（徒歩20分）。

山軽駅は１９１９（大正８）年、宗谷本線の駅として開業。30年北見線、61年天北《てんぽく》線の駅となる。天北線はＪＲへの移管2年後の89（平成元）年5月に廃止となった。

駅の開業とともに、クッチャロ湖の大沼と小沼の間にある水路のような部分沿いに造られた開拓地で、湖と駅との間に集落が形成された。戦前は、クッチャロ湖の周囲の開拓で伐採した木材が湖面を渡り、山軽に集積されて、木材は駅から鉄道で運ばれていた。終戦後は戦後開拓の入植があり、農耕が行われたが、北辺の地は農業に適さなかった。高度経済成長期を迎え、木材の供給先が海外に移っていくと一気に廃れた。集落が無住化したのは、駅が貨物の取扱いを廃止し、無人駅となった１９６９（昭和44）年頃と見られる。

電信電話綜合地図（枝幸6、昭和31）を見ると、鉄道は直線状ですっきり描かれているのに対して、国道は曲がり気味に記されている。山軽駅に駅員がいたことを考えると、高度経済成長期を迎えるまでは鉄道が陸上運輸の主役だったことが想像できる。

山軽のように、かつて駅があった廃村は全国で約40ヵ所あるが、その多くは北海道にある。産業別では農山村と炭鉱関係が多い。

錆びて読み取れなくなった駅名標（令和2年8月16日（日））

駅跡と湖の間、学校跡近辺は原野になっていた

旧国道と自転車道の交差点付近でタヌキと出会う

駅前集落跡は原野になっていた

山軽には、２０２０（令和２）年8月、道北・道東の旅の中、単独レンタカーで出かけた。早朝にサロベツ原野の宿を出発し、豊富《とよとみ》町日曹《にっそう》炭鉱（昭和47年離村）などを経由し、浜頓別市街そばのクッチャロ湖畔の公園で早めの昼食休みをとり、国道２３８号を走って山軽を目指した。

国道の山軽バス停（所在は猿払《さるふつ》村）から山軽駅跡・集落跡までは１㎞少しの距離がある。旧国道は現存しているが使われている様子はなく、一部区間は藪に埋もれていた。藪を抜けて天北線跡の自転車道との交差点についたとき、向こうから小動物がやってきた。写真を撮って見直したところ、タヌキということがわかった。ヒグマでなくて何よりだった。

タヌキとの遭遇地点から自転車道を５００ｍほど歩いて着いた山軽駅跡には、ホームと錆びて読み取れなくなった駅名標、壊れかけた待合室が残っていた。自転車道は使えそうな感じだったが、使う人はめったにいないことだろう。

山軽駅は、集落がなくなってから約20年存続した

山軽小学校は、へき地等級1級、児童数41名（昭和34）、１９２０（大正９）年開校、

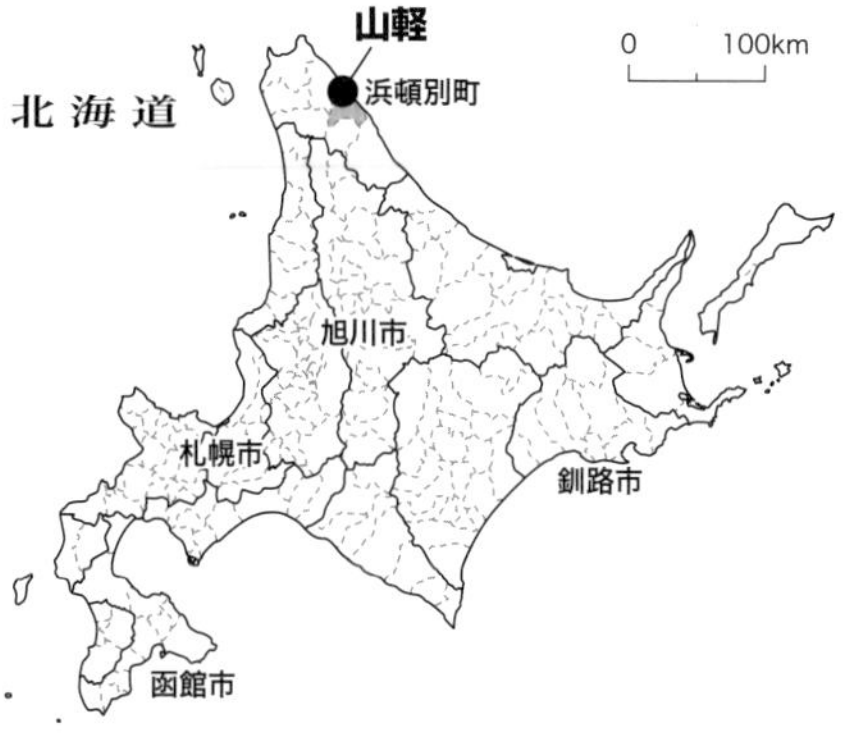

山軽は宗谷管内、海岸に近い原野にある。

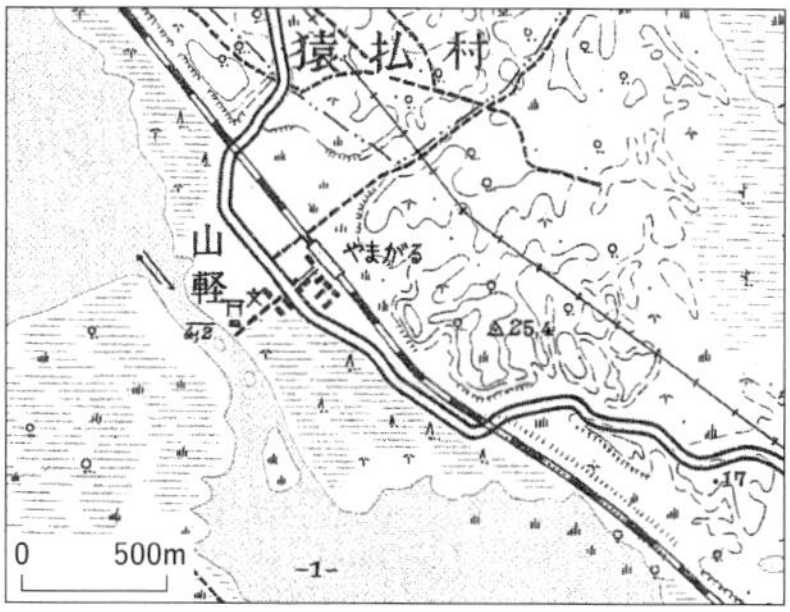

五万地形図 浜頓別（地理調査所、昭和33）
国道は、山軽集落を通る形で曲がっている。

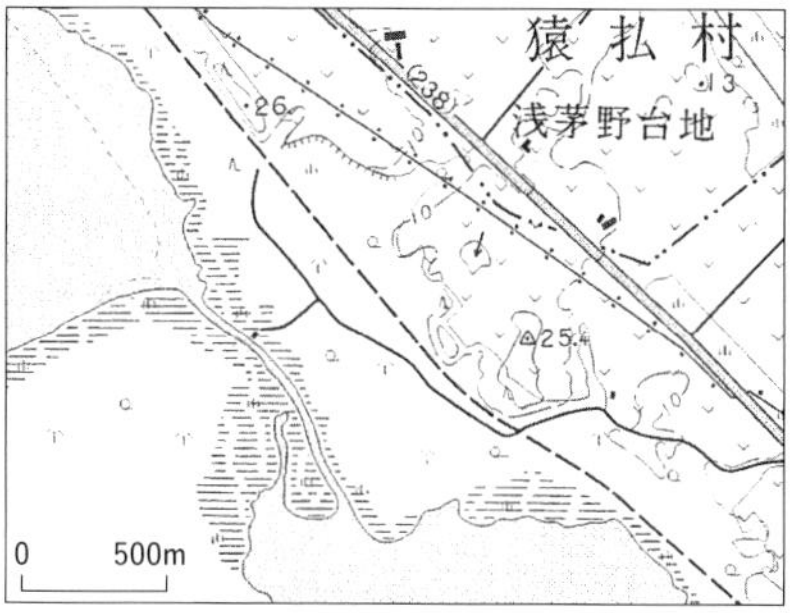

五万地形図 浜頓別（国土地理院、平成5）
旧国道（一部）は実線、旧鉄道は破線になっている。

戦時中（昭和14年）の閉校を経て、戦後（昭和24年）再開校、66（昭和41）年閉校。学校跡は湖側にあって、場所は特定できたが、そこには原野が広がるばかりだった。クッチャロ湖の水路部分には船泊め用の建物が建っていたが、人の気配はなかった。

帰り道は、旧国道を歩いて、タヌキとの遭遇地点（つまり旧国道と天北線跡の交差点）へと向かった。交差点の手前には、踏切を示す道路標識が残っていた。

1時間半後に立ち寄った鬼志別《おにしべつ》バスターミナル（駅跡）には、天北線旧駅の駅名標の展示があった。猿払村内の駅だったら、山軽の駅名標も運ばれていたのであろう。

青森県

上弥栄《かみいやさか》

上北郡六ヶ所村
尾駮《おぶち》字上弥栄

大規模工業開発に消えた戦後開拓集落

移転年　1973（昭和48）年
戸数　90戸（昭和37）
工業開発で移転【戦後開拓集落】
標高　58m（学校跡）

累計訪問数
711ヵ所

6

上弥栄は、下北半島・尾駮沼と鷹架沼《たかほこ》に挟まれた丘陵地にあった戦後開拓集落で、六ヶ所村役場から10㎞（クルマで20分）、JR野辺地《のへじ》駅から20㎞（同40分）である。

上弥栄開拓集落は1947（昭和22）年、主に満州引揚者の入植により成立した。集落の名称は、満州弥栄開拓団と、隣接する弥栄平《いやさかだいら》の上手にあったことに由来する。入植者は雑木林を伐採し、農地を開墾して畑作（ジャガイモ、菜種など）を始めた。53年と54年の冷害による凶作を機に、56年には酪農を導入。畑作から酪農・畜産への転換が進んだ。国策による59年からのてんさい（サトウダイコン）の栽培は長く続かなかった。

71年、国家プロジェクトの「むつ小川原開発」が公になった。酪農の集落として根付きつつあった上弥栄ではあったが、六ヶ所村自体がこの巨大プロジェクトの中心に据えられており、開発公社による農地の買収に逆らう術はなかった。

なお、戦後開拓集落は、１９４５（昭和20）年8月の第二次世界大戦の終戦後、食糧増産と引揚者の受入れ先の確保を主目的に国策によって全国の国有林野、御《ご》料《りょう》地《ち》、軍用地などが開放されて作られた。入植者は満州、樺太からの引揚者、罹《り》災《さい》者、農家の次男・三男などが多かった。しかし、開拓地には農耕に向かない山間地や荒地が多く含まれており、75年には全21万１０００戸の入植者のうち、半数を超える11万８５００戸が離農した。

石油備蓄基地のタンクが並ぶ（平成29年2月13日（月））

学校跡付近に太陽光発電パネルが並ぶ

石油備蓄基地を背に開拓記念碑が建つ

記念碑の裏面には「開拓」の二文字があった

２０１７（平成29）年2月中旬、初めての六ヶ所村には、みぞれ交じりの曇り空の中、単独レンタカーで太平洋側の国道３３８号を南下して向かった。

むつ小川原開発で廃村となった鷹架、弥栄平（ともに昭和54年離村）を訪ねた後、弥栄平から西に２㎞ほど離れた上弥栄の小学校跡地を目指した。上弥栄小学校は、へき地等級２級、児童数１０９名（昭和34）、１９４９（昭和24）年開校、75（昭和50）年閉校。小学校跡付近は、石油備蓄基地のタンクのほか、風力発電の風車や太陽光発電のパネルが多数あって、エネルギー関連施設の博覧会場のようになっている。雪が積もっていない範囲から周囲を見渡したが、往時を偲ぶものは何も見当たらなかった。

開拓記念碑を目指して再訪（令和３年8月22日（日））

石油備蓄基地の西の外れに記念碑があることは、事前の調べでわかっていた。碑は車道から少し入った柵沿いに建っており、クルマを停めて長靴に履き替えて見に行った。碑の表面上方には「入植20周年記念 昭和41年4月15日」と刻まれており、世帯主56名の名前が連なっていた。また、碑は81（昭和56）年にここに移転したことがわかった。

『村が消えた むつ小川原 農民と国家』（本田靖春著）には、子どもや女性、老人も含めて、上弥栄の人々が数多く実名で登場する。碑には登場人物の名前も多く刻まれており、上弥栄に繰り広げられた戦後開拓のことを偲ぶには十分すぎるぐらいの存在感があった。碑の裏面を見ると、「開拓」の大きな二文字と、「村長 沼田正」という小さな名前が刻まれており、筆者は思わず息をのんだ。

下北道の六ヶ所ＩＣは、記念碑から１㎞弱しか離れていない。ＩＣから高規格道に入ると現実に戻ったような気分になった。

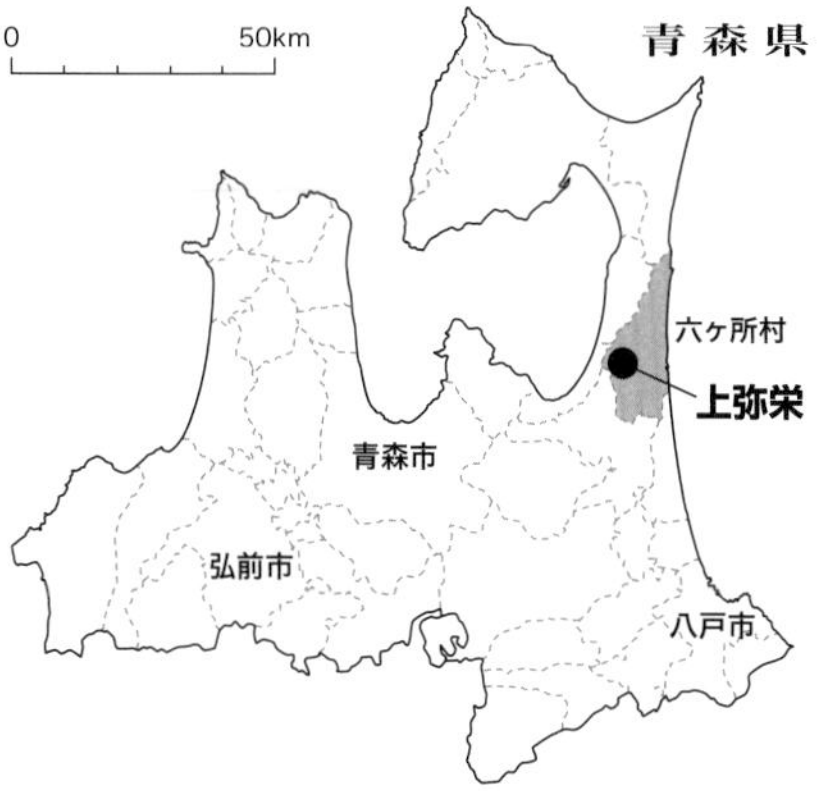

上弥栄・六ヶ所村は下北半島の付け根にある。

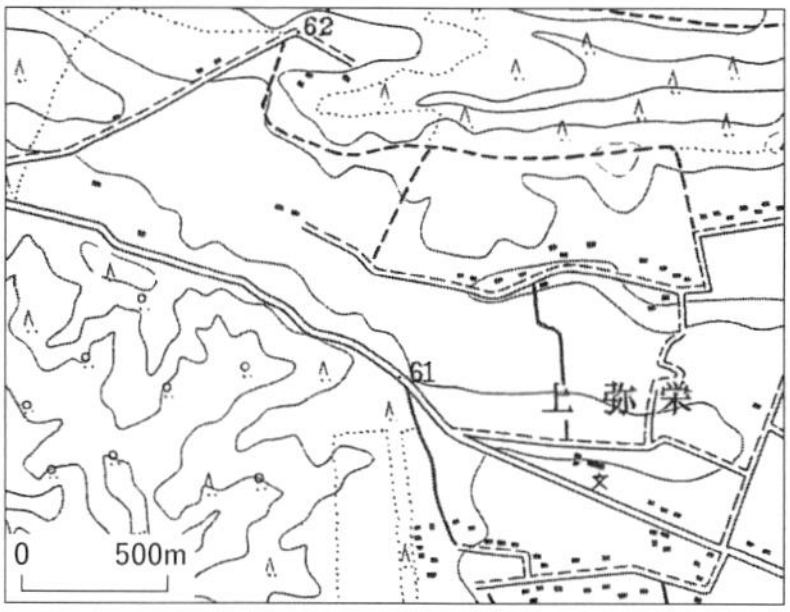

五万地形図 平沼（国土地理院、昭和41）
文マークと多くの家屋が記されている。

五万地形図 平沼（国土地理院、平成20）
集落跡の西の外れ、碑マークが記されている。

岩手県

岩《いわ》田《た》

宮古市夏屋第三地割岩田

移転年　1980（昭和55）年頃
戸数　14戸（昭和32）
個別移転【営林関連集落】
標高　462m（分校跡）

累計訪問数 988ヵ所　7

20年目を迎えた雪国カンジキ旅

岩田は、太平洋に注ぐ閉伊《へい》川水系矢田《やた》川上流部にあった営林関連集落で、JR箱石《はこいし》駅からは7km（クルマで15分）。盛岡駅―箱石駅は64km（鉄道で1時間30分）ある。

1933（昭和8）年頃、秋田県の林業会社が折壁山で事業を開始して集落が成立。また、岩田山で製材、製炭等に従事する者が入山した。戦前の最盛期、集落の児童数は30数名あった。しかし、戦後は事業の停滞等により十数戸しか残らず、家々は少しずつ山を下りた。分校の閉校後、児童はスクールバスで箱石小学校まで通ったという。

冬期間、雪国の廃村を訪ねるとき、長靴とカンジキは欠かせない。雪道を歩いた先に広がる真っ白な廃村の風景は、強く記憶に残る。スノーシューと比べると、雪には沈みやすいが、持ち運びは楽だ。カンジキは2001（平成13）年2月、岐阜県根尾《ねお》村（当時）で購入したもので、以来「雪国カンジキ旅」は継続し、20年の間に14回行っている。

事前の計画は、綿密かつゆるやかに立てた

岩田には、2021（令和3）年2月中旬、単独レンタカーで出かけた。前日はなじみがある旧川井村タイマグラの山小屋「フィールドノート」に泊まった。

雪で通じる道が閉ざされる廃村を訪ねるときは、事前の計画が必要だ。国道106号から分かれる岩田への道は約7㎞あるが、出発前の調べで1・1㎞先まではクルマで行ける

歩き始め、除雪された雪道（令和3年2月12日（金））

除雪区間を過ぎると、進む度に道の雪は深くなってきた

工事現場から3.7㎞先、分校跡の校舎が迎えてくれた

と思った。前日夕方、下見したところ、道に雪はなく、1・4km先の橋（一ノ橋）まで行くことができた。また、法面崩落の案内板から、工事の場所を想像した。

探索当日は、無風で快晴。探索は、お茶と水、アメとチョコレート、伊予かんを持って臨んだ。未舗装だけど広くて雪がない岩田への道をクルマで進んでいくと、3・2km先で工事箇所にぶつかった。現場作業の方は「この先も歩いていくことはできる」と教えてくれた。地形図を確認すると、岩田分校跡までは3・7km、「到着は1時間半ぐらい」と見込んだ。気温はマイナス3℃だった。

歩き始めて最初の目印の橋（二ノ橋）は、工事現場から1km。道に雪は3cm程度積もっているが、道は除雪されており、長靴で歩くには何の支障もなかった。次の目印の橋（三ノ橋）は、二ノ橋から0・8km。道は雪に埋もれているが、積雪は10cmぐらいで足跡があって、長靴でも十分に歩くことができた。その次の目印の橋（四ノ橋）は、三ノ橋から1・5km。雪はだんだん深くなってきて、疲れが出てきた。「もうすぐ四ノ橋かな」と思ったあたりで左手にサイロと建物が現れた。積雪は30cmぐらいあり、ひと休みした後、

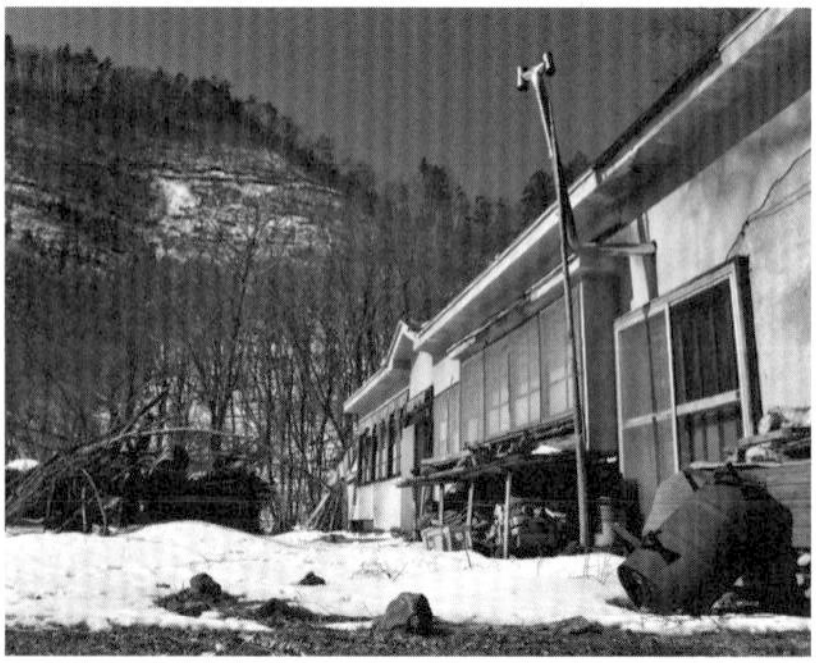
南向きの校舎そばには、地面が出る箇所があった

リュックからカンジキを取り出して装着した。

四ノ橋から0・4km。「この山中に、ほんとうにあるのか」と思い始めて間もなく、行く手に小さく校舎の姿が見え始めた。「ついに来た」と声をあげて進むと、少しずつその姿は大きくなってきた。分校跡には工事現場から1時間37分で到着した。

箱石小学校岩田分校は、へき地等級3級、児童数6名（昭和34）、1938（昭和13）年開校、70（昭和45）年閉校。個人の所有となった校舎は管理されており、往時の校庭には廃バスの車両を含めて、プレートのないクルマが4台置かれていた。

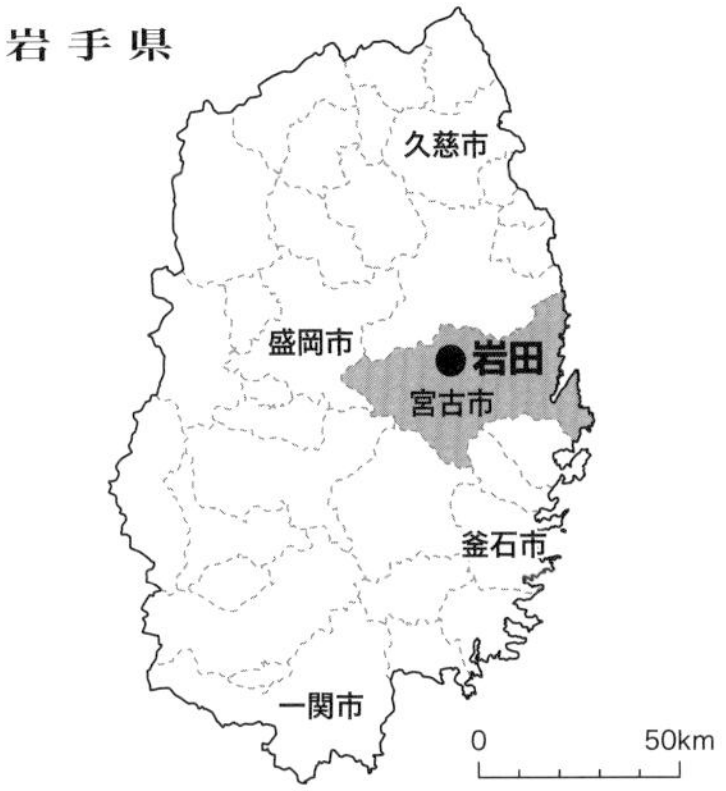

岩田は、県中央部沿岸寄り、北上高地の一角にある。

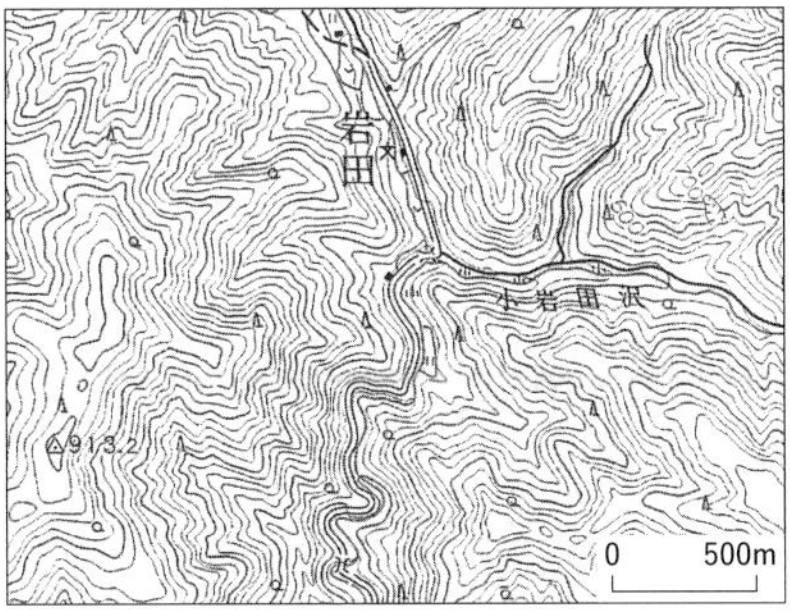

五万地形図 川井（国土地理院、昭和45）
家々は、「文」マークの前後に散在している。

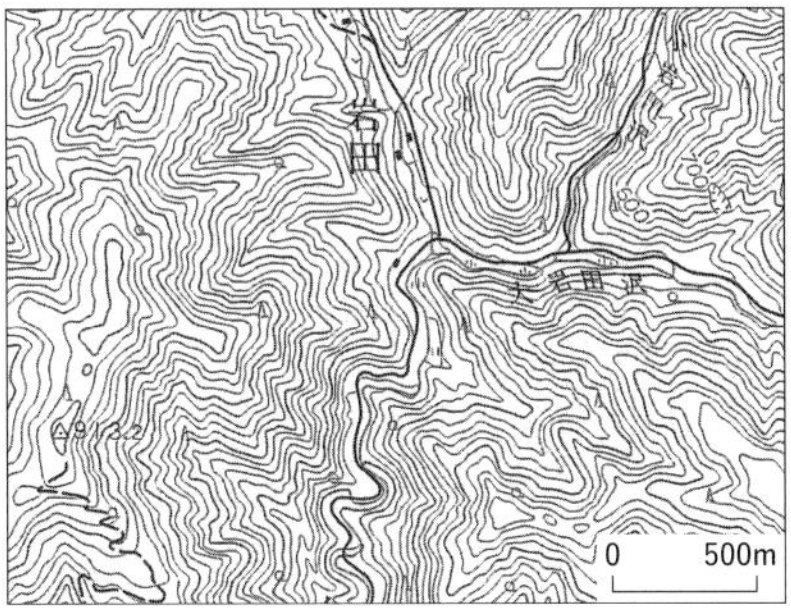

五万地形図 川井（国土地理院、平成6）
探索計画を立てるとき、橋はよい目印となった。

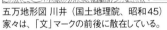

秋田県

深《ふか》沢《さわ》

大館市早口《はやぐち》字深沢笊橋《ざるはし》

研究調査で訪ねた浅い谷間の村跡

移転年　1965（昭和40）年
戸数　14戸（昭和40）
水害対策事業で移転【農山村】
標高　83m（平和橋付近）

累計訪問数 665ヵ所　8

深沢は、米代《よねしろ》川水系早口川中流沿いにあった農山村で、JR早口駅から手前の神社まで9km（クルマで18分）、平和橋付近の三差路まで0・5km（徒歩12分）である。

秋田県の廃村を語るにおいては『秋田・消えた村の記録』（佐藤晃之輔著）を欠かすことができない。『消えた村』には、秋田県内で戦後から1994（平成6）年までに離村した125の集落について、村の起こりや戸数、離村年、移転先、移転者のひとことなどが丹念にまとめられている。行政による「集落再編成事業」が行われた1970年から73年頃（高度経済成長期後期）の離村が最も多い。98年秋、筆者は東京・神保町の三省堂書店で『消えた村』を見つけ、県という大きな単位でできていることに大いに驚いた。そして99年秋、秋田県の廃村8ヵ所に足を運んだ。この旅での佐藤晃之輔さん（昭和17年生）との出会いは、筆者が廃村調査を全国展開するにおける大きな原動力となった。

川沿いの浅い谷間にある深沢は、大雨の度に川の水が集落に押し寄せて、李岱《すももたい》への道に架かる木橋が流され孤立することもあったという。このような水害常襲地であったため、行政の援助を受けて近場の安全地帯への集団移転（深岱《ふかたい》10戸、李岱4戸）が行われた。1965（昭和40）年という離村年は、『消えた村』掲載の125集落の中では早い。それは住民の念願だったという永久橋（平和橋）が架けられた翌年のことだった。

李岱ー深沢間の橋は落ちていた（平成27年10月31日（土））

深岱ー深沢間の未舗装道は荒れていた

人工林の中に往時の蔵が見つかった

レンタカーは、荒れた道で動かなくなった

深沢には2015（平成27）年の秋、研究調査「将来的な再居住化の可能性を残した無居住化に関する基礎的研究」の一環として、東京大学大学院特任助教（当時）の林直樹さん（昭和47年生）と2人で出かけた。調査は全12日間、調査対象62ヵ所のうち深沢は47ヵ所目だった。

まず李岱から平和橋を渡って行こうとしたが、橋は落ちていて、倒れた橋脚が川の水に洗われていた。次に深岱から続く道で行こうと試みた。700mほど進むと、人工林の中の神社に着いた。手元の地形図の道は、神社の少し手前で途切れている。道の荒れ方を考慮して、神社の少し先、坂道の途中にクルマを停めて、その先は歩いて向かった。

深岱ー深沢間には、地形図に載っていない神社がある

平和橋付近の三差路へ続く未舗装道には轍はあったが、この荒れ方の道はレンタカーで走るべきではない。集落跡には石垣があり、奥の人工林の中には往時の蔵が二棟残されていた。集落跡よりもやや手前、川に近い耕地は、耕作放棄地になっていた。木の侵入は、ないともあるともいえる感じだった。

深沢の調査の終了後、クルマを切り返そうとすると、後輪が空回りして動けなくなった。ロードサービスを頼んだが、作業車が到着したときには日が暮れており、「場所が悪く、レッカー作業は難しい」とのこと。クルマを残して2人は早口駅まで運ばれた。

翌朝、鷹巣《たかのす》の別の店で新たにクルマを借りて、3日間で予定通り調査対象すべてに足を運ぶことができたのは、「62ヵ所すべてを調査したい」という執念があったからに違いない。振り返れば、クルマは深岱ー深沢間の神社前に停めるべきだった。「あやしい道にレンタカーを乗り入れてはいけない」という「深沢の教訓」は、強く頭に刻まれた。

深沢は秋田県北部、白神山地の手前にある。

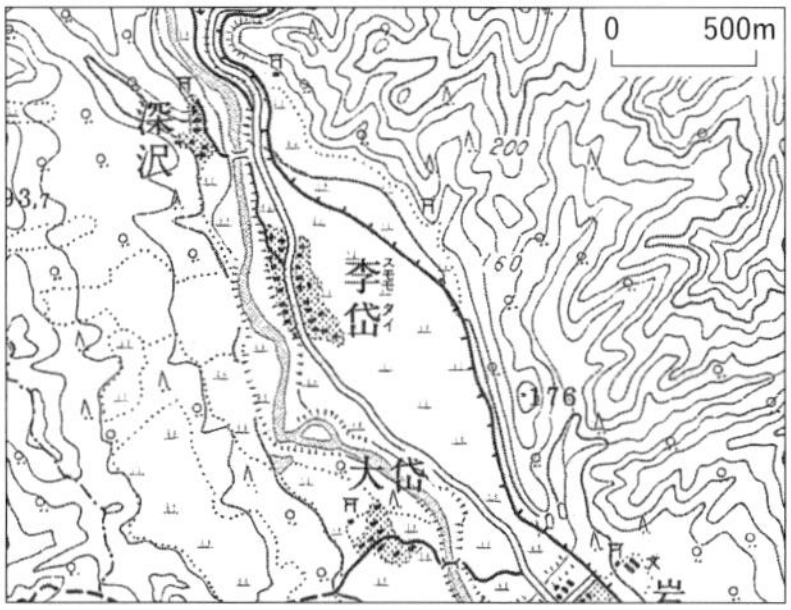

五万地形図 鷹巣（国土地理院、昭和42）
深沢ー李岱は、橋があったら1km弱しかない。

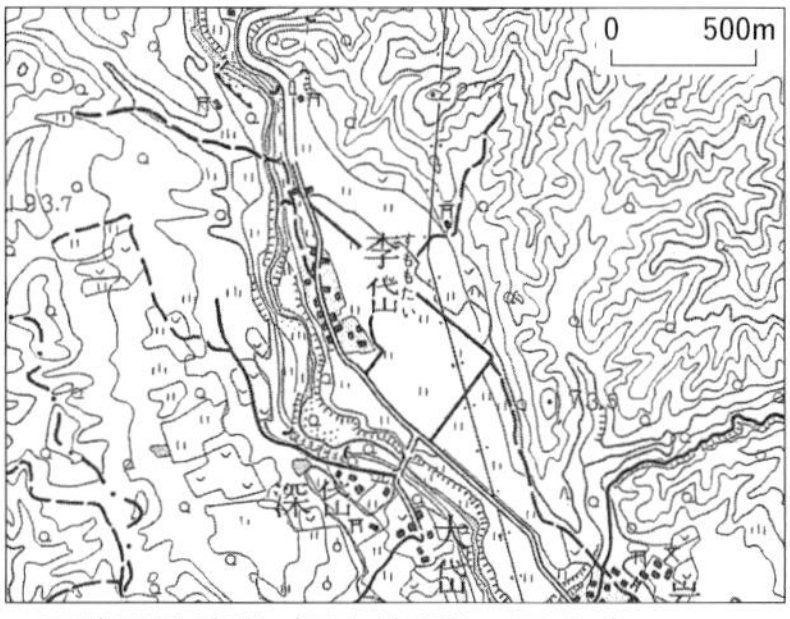

五万地形図 鷹巣（国土地理院、平成4）
深沢に代わって深岱（移転地）が記されている。

秋田県

袖川《そでがわ》

訪ねる度に面影が薄くなった発電集落

由利本荘市鳥海町《ちょうかい》
中直根《なかひたね》字袖川

移転年　1973（昭和48）年
戸数　6戸（昭和40）
集落再編成事業で移転【発電集落】
標高　369m（分校跡）

累計訪問数　62ヵ所　**9**

袖川は、子吉川《こよし》上流沿いにあった発電所関連集落で、由利高原鉄道矢島《やしま》駅から15km（クルマで30分）、ＪＲ羽後本荘駅から39km（1時間20分）である。

鳥海山麓は、森林資源、水資源に恵まれており、明治の初め頃、袖川の川端に建てられたマッチ軸木工場は、旧鳥海町内の工場第一号という。袖川水力発電所は１９２６（大正15）年に運転開始。71年に自動化されるまで、発電所員と家族が袖川に住んだ。発電所は今も稼働しており、手前には青い吊り橋が架かっている。袖川へと続く道の途中にある長くて狭いトンネルは61年まで森林軌道が通っていたもので、長さは６２６ｍある。森林軌道は袖川を経て、山形県境に近い手代沢《てしろさわ》（昭和36年離村）の国有林まで通じていた。

移転後も下直根に越した農家が田んぼの耕作に袖川へと通ったが、元住民の高齢化が進み、２００８（平成20）年頃には行われなくなった。

16年という時の流れのはかなさを感じた

袖川は1999（平成11）年の秋、『秋田・消えた村の記録』を読んで、単独バイクで出かけた8ヵ所の廃村の一つである。下直根（岡田代）から袖川までの4㎞の砂利道は、そのまま森林軌道の跡で、途中の長いトンネルは、『消えた村』に書かれているように「さながら坑道」のようだが、真ん中にはクルマがすれ違うためのふくらみがあった。

田んぼでおばあさんと出会う（平成11年10月15日（金））

縁あっておばあさんと再会する（平成20年7月19日（金））

田んぼは耕作放棄地になっていた（平成27年9月22日（火））

トンネルを越えると視界が開けて、たどり着いた袖川の集落跡には小さいながらも耕されている田畑があった。母屋の跡は3軒ほどあり、集落跡のはずれ、子吉川に架かる橋を渡ると発電所の建物があった。

直根小学校袖川分校は、へき地等級3級、児童数13名（昭和34）、1951（昭和26）年開校、68（昭和43）年閉校。道を戻ると、農作業をしているおばあさん（柴田ミヨ子さん、昭和10年生）がいたので、分校跡のことなどをうかがってみると、「発電所寄りの建物が校舎たった」と教えていただいた。おばあさんに『消えた村』をお見せすると、「作蔵じいさんの家は、あんたがバイクを止めてるところにあったのよ」のような会話をすることができた。

二度目の袖川は2008（平成20）年の夏、TBSのテレビ番組『徳光和夫の感動再会〝逢いたい〟』のロケで、スタッフ2名とともに出かけた。番組で筆者が「廃村で出会ったおばあさんに逢いたい」というテーマで取り上げられた縁で、再訪が実現した。現地では校舎はなくなっていたが、田んぼは休耕田となりながらも面影を残していた。

袖川へと続く林鉄跡のトンネル（平成11年10月）

一度下直根に戻り、家を訪ねて再会した柴田さんは筆者のことをよく覚えていてくれていて、９年前の写真と私家版の廃村の冊子を渡すことができた。最後には、スタッフのクルマで柴田さんと一緒に袖川へ行き、出会いの場所で記念写真を撮った。ロケが終わって、筆者は「見知らぬ人との出会いは旅の醍醐味だなあ」と思った。

三度目の袖川は２０１５（平成27）年の秋、研究調査の一環で林直樹さんと２人で出かけた。７年前の休耕田は耕作放棄地になっていて、ススキが生い茂っていた。柴田さんは09年５月に亡くなられており、筆者は時の流れのはかなさを強く感じた。

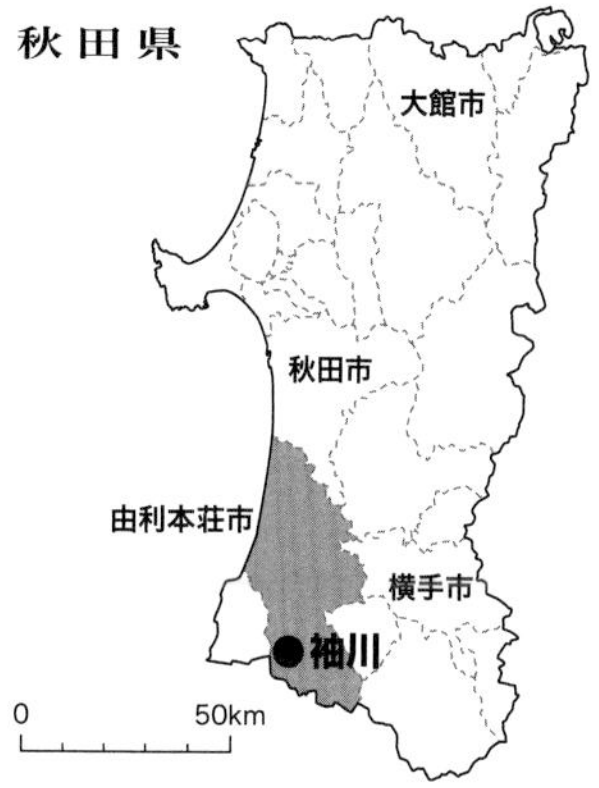

袖川は秋田県南部、鳥海山麓にある。

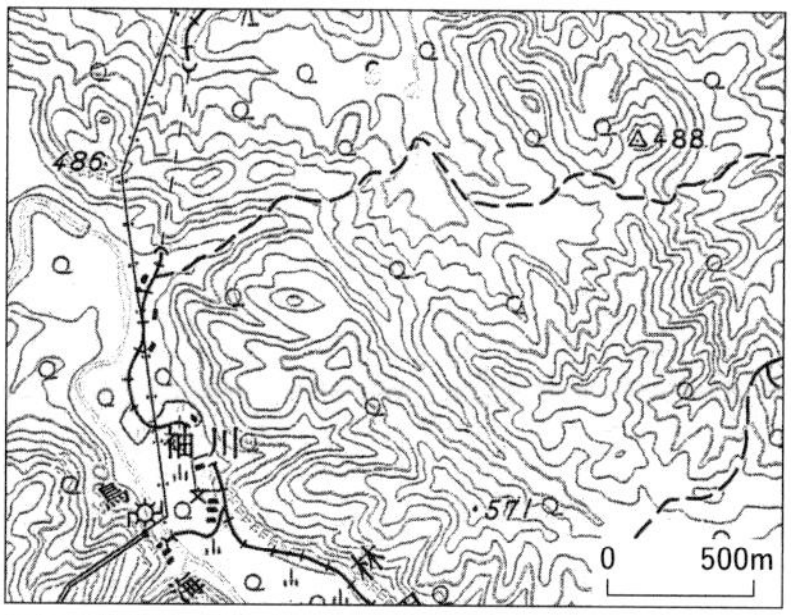

五万地形図 鳥海山（国土地理院、昭和41）
森林軌道は、山形県境近くまで通じていた。

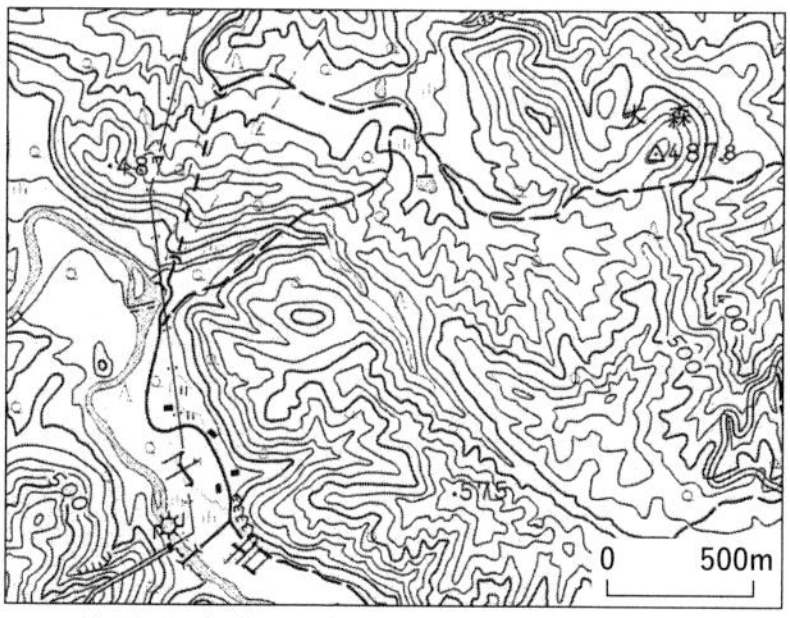

五万地形図 鳥海山（国土地理院、平成6）
発電所の2km上流ではダム建設が進んでいる。

山形県

三《さん》和《わ》

山菜採りで訪ねた難攻炭鉱集落跡

北村山郡大石田町
川前松浦山

移転年　1960（昭和35）年
戸数　18戸（昭和33）
閉山により移転【炭鉱集落】
標高　120m（集落跡想定地）

累計訪問数
874ヵ所
10

三和は、最上《もがみ》川中流に注ぐ沢の源流域にあった炭鉱集落で、JR大石田駅から沢の源流部で7・5km（クルマで18分）、渓流沿いを下って1km（徒歩1時間）である。

大石田町の最上川左岸には、大正頃から昭和30年代後半まで小規模な炭鉱（亜炭鉱）が点在しており、日生《にっせい》炭鉱（集落名は大林《おおばやし》）と三和炭鉱の集落には分校があった。『へき地学校名簿』に分校が掲載されていたことから2005（平成17）年にその存在を知った三和だが、地形図、郵便区全図など、心当たりの資料を駆使しても見つからず、18年11月に大石田町立図書館を訪ねて、図書館の方、現地の様子がわかる方（遠藤廣吉《ひろよし》さん）とやり取りをすることで、やっと場所を確定できたという経緯がある。

三和から西北西の方向、山道で2kmの場所には小平《こだいら》という農山村があったが、1972（昭和47）年、集落再編成事業により集団移転している。

現地に行けたのは、地域の方々のおかげ

2019（平成31）年5月中旬，三和炭鉱集落跡には、遠藤さん達とともに、山菜採りを兼ねて出かけた。大石田駅では遠藤さんが待っていてくれて、クルマで大高根山の麓に向かう。同乗した横山勝さんは小平出身で、「今走っている新道（林道小平線）は小平を目指して作られたが、無住になったため途中までしか通じなかった」と話された。

林道斜面を下る道筋はなかった（令和元年5月11日（土））

源流部から渓流沿いを谷を下って炭鉱集落跡を目指す

炭鉱集落跡と思われる枯れたヨシ原を見つけた

三和集落跡を流れる沢（仮称三和谷）の上流部には、林道小平線の枝道との交点（仮称三和口）がある。その手前の駐車スペースでは町役場勤務の若い方などが待っていて、メンバーは総勢６人になった。まず三和谷を跨いで枝道を進み、三和に近いポイントを探したが、谷は険しく行けそうな箇所はなかった。結局、三和谷から渓流沿いを１kmほど下るルートを選ぶことになった。

炭鉱集落跡に向かうけもの道は草に埋もれていたり、川を歩く箇所があったりで、険しいものだった。歩き始めて50分ほどで若草が生えたヨシ原が見つかった。手元の地形図の写しで「ここが集落跡」とプロットした場所は、川の左岸、ヨシ原から北へ１００mほどのところにある。しばらく遠藤さんに同行し、心当たりの場所には単独で出かけると、小さな尾根の上に大きなマツが見つかり、マツの下方にはまとまった広さの枯れたヨシ原が見つかった。

横山小学校三和冬季分校は、へき地等級1級、児童数８名（昭和34）、１９５１（昭和26）年開校、60（昭和35）年閉校。冬季分校は積雪期（おおむね12月から翌年3月まで）

ココミとウルイは、夜に入った食堂で茹でていただいた

だけ開校する分校なので、三和の児童は春から秋までは本校に通っていたことになる。枯れたヨシ原に集落の痕跡は見られなかったが、斜面だらけの現地にまとまった平地は他に見当たらなかった。山菜採りを兼ねての探索は、昼食休みを含めて2時間30分行ったが、炭鉱に係わる痕跡は川に落ちていた石炭の塊ぐらいだった。山菜は、なじみがあるコゴミ、ゼンマイに加え、プレゼントされたウルイを持ち帰った。

帰路は渓流をさかのぼって歩くと、足はずぶ濡れになったが、途中に滝を見ることができた。上りということもあり、三和口まで1時間半かかった。

三和は、『電信電話綜合地図』には松浦山とある。

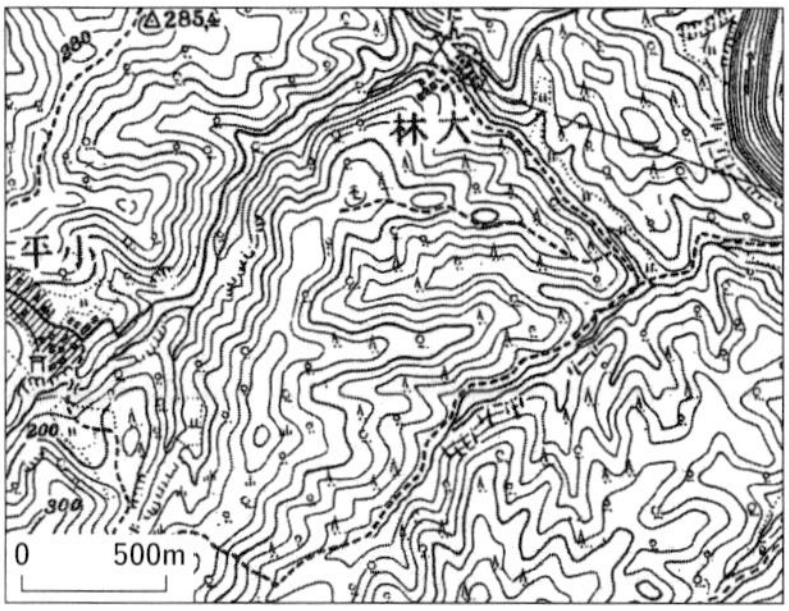

五万地形図 尾花沢（地理調査所、昭和30）
三和は、大林の南側 直線距離1.2kmにあった。

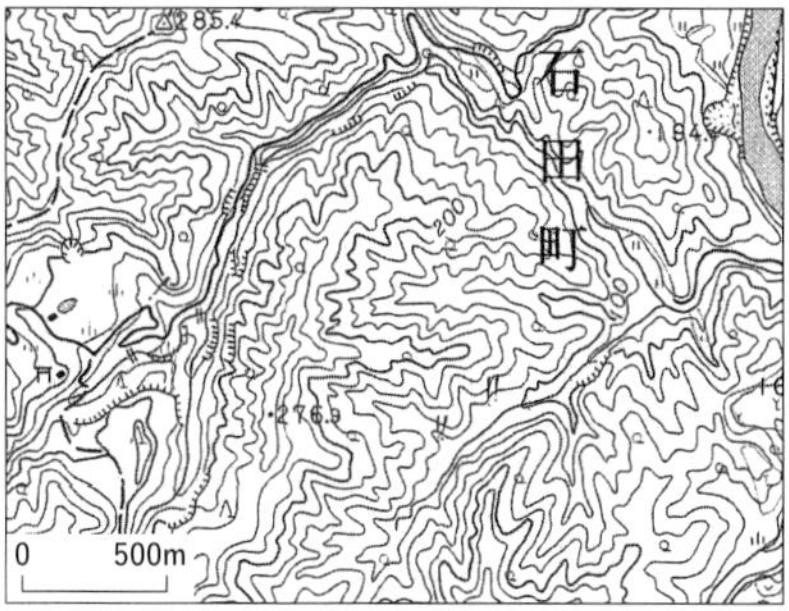

五万地形図 尾花沢（国土地理院、平成11）
もはや、大林も小平も記されていない。

福島県

大巣子《おおすご》

村跡に点灯記念碑が建つ

会津若松市東山町湯川字大巣子

移転年　1987（昭和62）年頃
戸数　13戸（昭和34）
個別移転【農山村】
標高　605m（分校跡）

累計訪問数 338ヵ所　11

大巣子は、阿賀野川水系湯川流域の山のゆるい斜面にあった農山村で、ＪＲ会津若松駅から14㎞（クルマで30分）。林道を使えば芦ノ牧温泉のほうからも行ける。

福島県有数の温泉地 東山温泉の先、湯川流域の集落は過疎の進行が進んでいる。へき地（僻地）というと「都から離れた不便な土地」となるのだが、会津若松市街地にある東山小学校にかつてあった五つの分校（冬季分校を含む）には、へき地等級は1級から5級まですべてそろっていた。この級数は「へき地教育振興法施行規則」により学校運営のために定められたもので、数字が大きいほどへき地の度合いは高くなる。

大巣子分校のへき地等級は2級だが、斜面の田畑は狭いものだった。大巣子が大火に見舞われたのは1969（昭和44）年5月16日。この頃には重要な生業《なりわい》だった製炭は行われなくなっており、大火を契機に多くの家々が若松市街に下りた。

常住する家がなくなったと思われる１９８８（昭和63）年には地内に大巣子スキー場が開業したが、バブルがはじけた97年には閉鎖した。

『会津地方の集落と分校』（鷲山義雄著）には、大巣子、川渓《かわたに》（へき地1級、ダム建設で昭和49年離村）、一ノ渡戸《いちのわたど》（3級、現住）、中湯川《なかゆかわ》（4級、昭和49年離村）、二幣地《にへいじ》（5級、昭和50年離村）などの分校の沿革、地域の実際などが記されている。

大巣子の家屋が見えてきた（平成21年10月24日（土））

分校跡では、サクラの木と湯殿山の碑が見られた

神社近くには、点灯乃碑と古峯神社の石柱が建っていた

記念碑は、点灯のありがたさを伝えていた

初めての大巣子には２００９（平成21）年10月下旬、妻と２人、２台のバイクで出かけた。県道からの未舗装の枝道にはカーブが多く、妻はたいへんそうだったが、分岐から２kmほどで家々が見えてきた。

集落跡には、使われていない家屋に混じって別荘風の家屋、手入れされた神社（大巣子神社）とその社務所があったが、人の気配はなかった。東山小学校大巣子分校はへき地等級２級、児童数22名（昭和34）、１９３２（昭和７）年開校、77（昭和52）年閉校。分校跡と思われる広がりのある場所には、サクラの木と「湯殿山《ゆどのさん》」と彫られた石碑が建っていた。大巣子神社にお参りして、近くに建つ石碑を見ると、それは「点灯乃碑」（昭和22年点灯）と「古峯《ふるみね》神社」と刻まれた石柱（火の神様を奉ったもの）だった。点灯記念碑は川渓、二幣地にも建っており、市街地に近い山の中の集落にとって、点灯（電気が通じたこと）がありがたかったことが想像できた。

謎に思ったレストハウス鷹（平成26年5月10日（土））

二度目は、２０１４（平成26）年5月上旬、国立環境研究所研究員の深澤《ふかさわ》圭太さんとと

もに出かけた。この時の主目的は、深澤さんの研究テーマ「地域の野生動植物や景観の管理および保全」のサンプリングの対象として会津地方の廃村を紹介することだった。

前回は行けなかった子安観音にも足を伸ばすと、山の緑に包まれはじめた場所に、赤い屋根の四角いお堂が建っていた。子安観音は「安産をかなえ、幼児の無事を守る」神様。しっかりとした造りの観音堂を見ると、暮らしの中にあった祈りが感じられた。

集落跡から少し離れた場所には「レストハウス鷹」という建物があって、「なぜここにレストハウス？」という謎が生じた。建った理由がスキー場ということは、後日知った。

大巣子は会津若松市街近くの山の緩斜面にある。

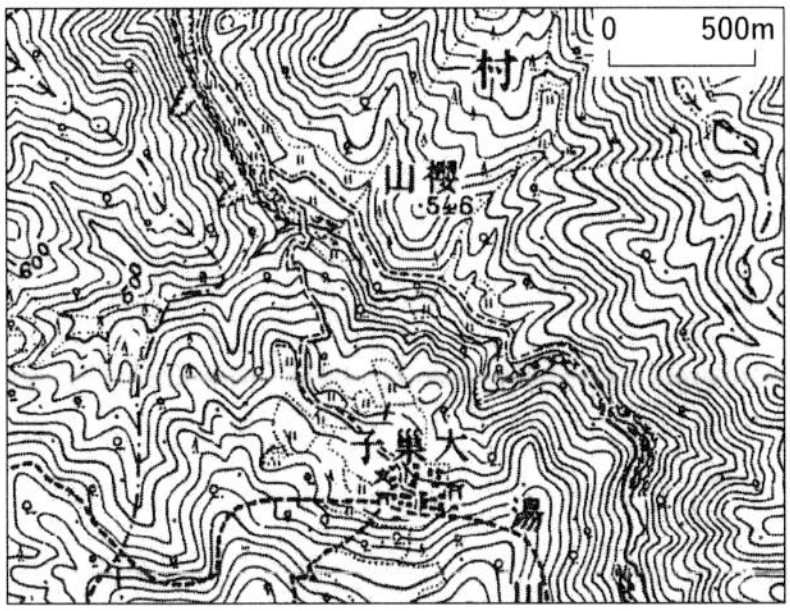

五万地形図 若松（地理研究所、昭和28）
歩道は今の車道と道筋が違うことがわかる。

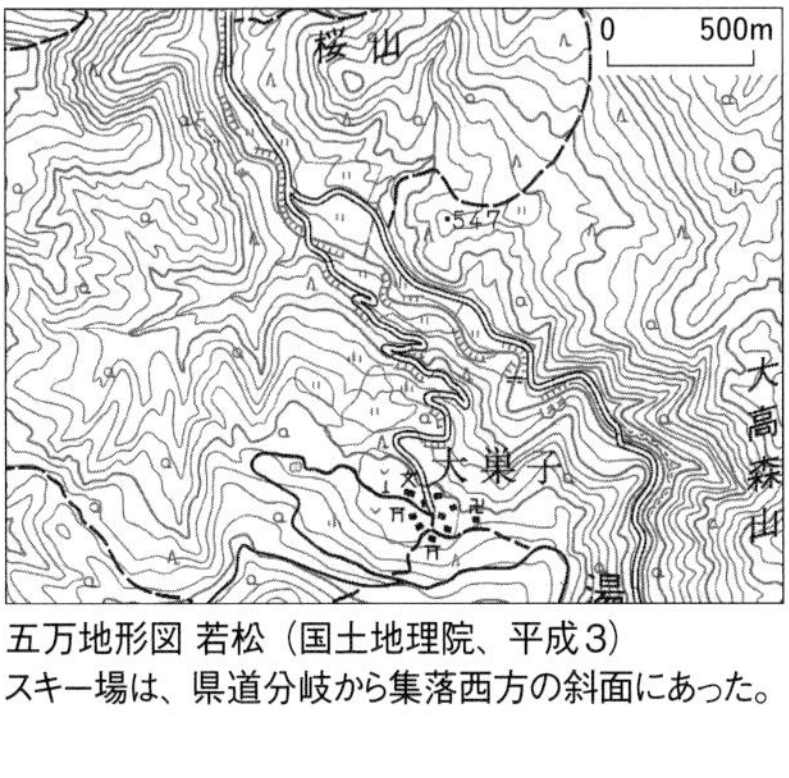

五万地形図 若松（国土地理院、平成3）
スキー場は、県道分岐から集落西方の斜面にあった。

群馬県

石津鉱山《いしづこうざん》

温泉地にある三つの硫黄鉱山集落跡

吾妻《あがつま》郡嬬恋《つまごい》村
今井石津鉱業所

移転年　1971（昭和46）年
戸数　158戸（昭和32）
閉山で移転【鉱山集落】
標高　1465m（学校跡）

累計訪問数
197ヵ所
12

石津鉱山は、利根川水系赤川源流域の高原上にあった鉱山集落で、JR万座《まんざ》・鹿沢《かざわ》口駅から14km（クルマで30分）。全国中、ここよりも標高が高い集落はほとんどない。

天下の名湯・草津温泉は、硫化物を含む酸性泉として知られる。草津温泉の近くには、大正の頃から高度成長経済期まで複数の硫黄鉱山が稼動していた。このうち、草津町白根鉱山、嬬恋村石津鉱山、吾妻鉱山、小串《おぐし》の鉱山集落にはそれぞれ学校があった。そしてこれらの鉱山集落は、すべて閉山と同時に無住となった。

硫黄は火薬、農薬、ゴムの製造など、広い用途をもつ資源だが、石油の精製時に副産物として多量に得ることができる。このため、エネルギー革命によって石油の消費量が増加し、精製技術が向上するとともに、一気に価値を失った。岩手県の松尾鉱山を代表格とするわが国の硫黄鉱山は、1971（昭和46）年頃にはすべて閉山となった。

硫黄鉱山集落跡は、険しくも美しい景色の中にあった

石津鉱山をはじめとする草津近辺の硫黄鉱山集落跡には、２００６（平成18）年ＧＷ、単独バイクで出かけた。まず、草津から４㎞離れた白根鉱山跡を訪ねると、大きなスキー場跡の施設に驚かされた。白根鉱山では、山の白さと空の淡い青色が印象的で、「険しくも美しい景色の中に集落があったのは、仕事があったからなんだなあ」と思った。

石津鉱山・学校跡に残る階段（平成18年4月29日（土））

往時の鉄塔と福利厚生施設が残っていた

山神社には笹藪のため、近づくことができなかった

白根鉱山からは一度国道に戻り、つまごいパノラマラインを走って、回り込む形で石津鉱山へ向かった。

石津鉱山の創業は1932（昭和7）年、運営は北海道硫黄（三井系）、鉱山跡地は閉山してすぐに大東文化大学に引き継がれ、集落跡には大学の嬬恋セミナーハウスが建っている。石津小学校は、へき地等級3級、児童数119名（昭和34）、1947（昭和22）年開校、71（昭和46）年閉校。学校跡はセミナーハウスの道を挟んで反対側にあり、グラウンドを歩くと、往時の玄関に続くコンクリートの階段と朝礼台が見つけることができた。

鉱山の施設を目指して山道を登っていくと、やがて高さ6mほどの錆びた電気関係の鉄塔が見つかった。鉄塔から道を挟んで反対側には古びた大きた建物があり、セミナーハウス付属のバンガローの施設として使われているようだった。後で調べたところ、この建物、往時は映画館などの福利厚生施設として使われていたことがわかった。

山神社には、セミナーハウスまで戻ってから道なき道を慎重に上って何とかたどり着くことができた。1時間半ほどの探索の間、石津鉱山でも誰にも会わなかった。

校舎が表紙に載った冊子『心のふるさと 石津鉱山』

石津鉱山は、草津町と嬬恋村の境目にある。

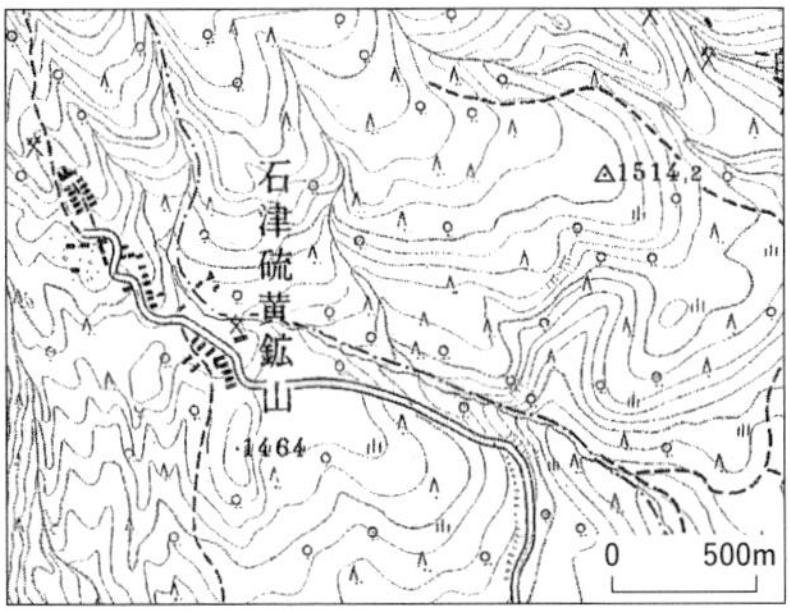

五万地形図 草津（国土地理院、昭和39）
標高1400m超えは、鉱山集落らしいといえる。

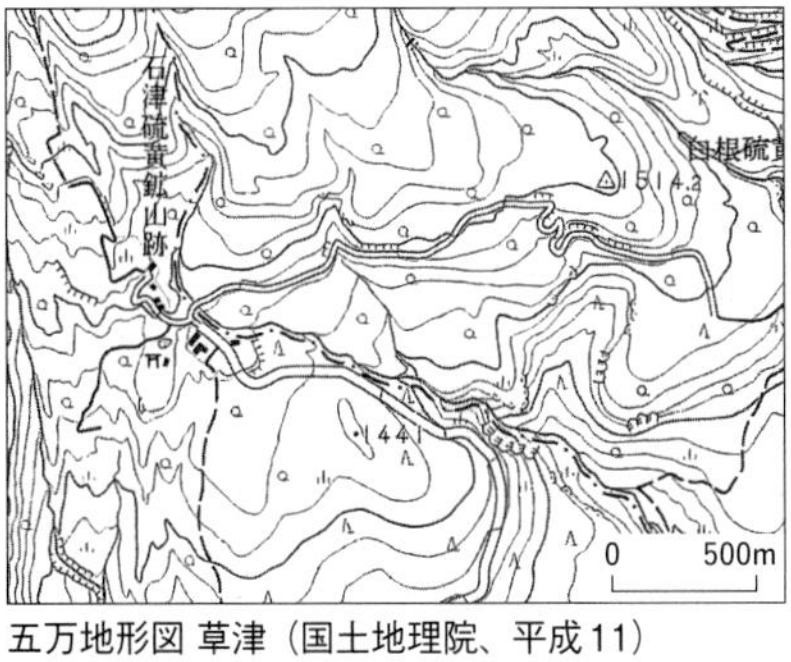

五万地形図 草津（国土地理院、平成11）
石津硫黄鉱山跡として、名前が残っている。

石津鉱山からは、嬬恋村中心部へと回り道をして吾妻鉱山を目指した。万座ハイウェイを走り、ゲート前にバイクを停めてゆるやかな下り坂を歩くと、古びた門柱が迎えてくれた。学校跡には体育館が残り、テニスコートもあったが、使われている様子はなかった。広々としたグラウンドの隅には、ブランコ、回旋塔やサッカーゴールがあった。

２０１９（令和元）年11月、石津鉱山出身の小巖《こいわ》俊雄さん（東京都在住）とお会いする機会があり、自身が編集した『心のふるさと 石津鉱山』という冊子をちょうだいした。冊子には人々の姿とともに校舎や神社が写っており、筆者もなつかしく思った。

埼玉県

岳《たけ》

ホラーゲームの制作と係わる

秩父市浦山《うらやま》字岳

移転年　1980（昭和55）年頃
戸数　10戸（昭和30）
個別移転【農山村】
標高　571m（神社）

累計訪問数 117ヵ所　13

岳は、東京湾に注ぐ荒川水系浦山川上流域の山の中にあった農山村で、西武秩父駅から日向《ひなた》まで8km（クルマで16分）、山道を600m（徒歩15分）である。

四方を山に囲まれた秩父の集落には、厳しい自然風土に結びついた独特の雰囲気がある。中でも浦山川の渓谷は急峻で、武州浦山は遠州京丸、越後三面《みおもて》とともに、日本の三大秘境に数えられることもある。秩父郡浦山村は、1956（昭和31）年に影森《かげもり》町に併合されるまで独立した行政村だった。しかし、高度経済成長期にその波をかぶり、さらに浦山ダムの建設（平成10年竣工）で中心部が水没し、人口は1955（昭和30）年の1242人から、2015（平成27）年には101人（54戸）まで急減した。

各地から秩父に通じる道は「秩父往還《おうかん》」（往来が多い通りの意）と総称される。主街道（今の国道140号）のほか、浦山を通るうわごう道などの脇街道も往還と呼ばれた。

浦山・岳は、SIRENゆかりの地と呼ばれる

２００２（平成14）年の春、ゲーム制作に携わる佐藤直子さんから、「日帰りで行ける廃村を紹介してほしい」と声がかかった。検討・調整した結果、東京から比較的近い秩父の浦山の「うわごう道」を歩く探索を行うことになった。メンバーは制作チーム７人と、筆者と盟友 廃屋の猫さんの総勢９人。大人数で廃村を訪ねるのは初めてのことだった。

岳・道沿いの土蔵を観察する（平成14年4月13日（土））

茶平・廃屋とスイセンの花

山掴・西日を浴びた廃屋

探索当日は良い天気。探索隊が乗った秩鉄バスの日向バス停着は11時少し前。浦山ダム湖と八重ザクラに迎えられて探索は始まった。日向の浦山小学校（昭和61年閉校）跡地がうわごう道のはじまり。キャンプ場を見送るとクルマは入れない雰囲気となり、15分ほどで最初の廃村 岳に到着した。道沿いには大きな廃屋と土蔵があり、「廃村は初めて」という若手3人は興味深そうだ。火防の神 十二社《じゅうにしゃ》神社のそばには1842（天保13）年建立の馬頭尊碑とお地蔵さんが並んでいた。土蔵の前で、「この訪ねないとわからない雰囲気や色合いを感じてほしいんだ」とチームのリーダーは話した。

うわごう道は予想よりも荒れた道で、ハイカーが通る気配はなかった。しかし新緑は美しく、峠に並んだ1859（安政6）年建立の大黒天碑、聖徳太子尊碑や、崩れかけた木橋を見ると、「戦後、クルマ社会になるまでは生活道路だった」ことが実感できる。

探索は2番目の廃村 茶平《ちゃだいら》で昼食休みをとり、「たおの尾根」、武士平、大神楽《おおかぐら》を経て、最後の廃村 山掴《やまつかみ》で西日を浴びるまで続いた。9㎞の道のりの所要は6時間だった。

計6回訪ねた十二社神社（令和3年3月14日（日））

このチームが制作した廃村をテーマにした和製ホラーゲーム「ＳＩＲＥＮ」は1年半たった２００３（平成15）年11月に発売され、続編や映画が作られるヒット作となった。岳・浦山は、「サイレンゆかりの地」としてゲームのファンに知られるようになった。

２０２１（令和３）年の春、9年ぶりの浦山は、妻と2人で出かけた。岳には新しい六地蔵があって、十二社神社は整っていたが、路傍の蔵は朽ちて倒れていた。帰りの市営バスの中で出会った地域の方に「岳の神社まで行ってきた」と話すと「あの辺にも結構家があったんだよ」、「神社では、8月4日に例祭をしている」と答えてくれた。

岳は秩父の山中にあるが、市街から遠くない。

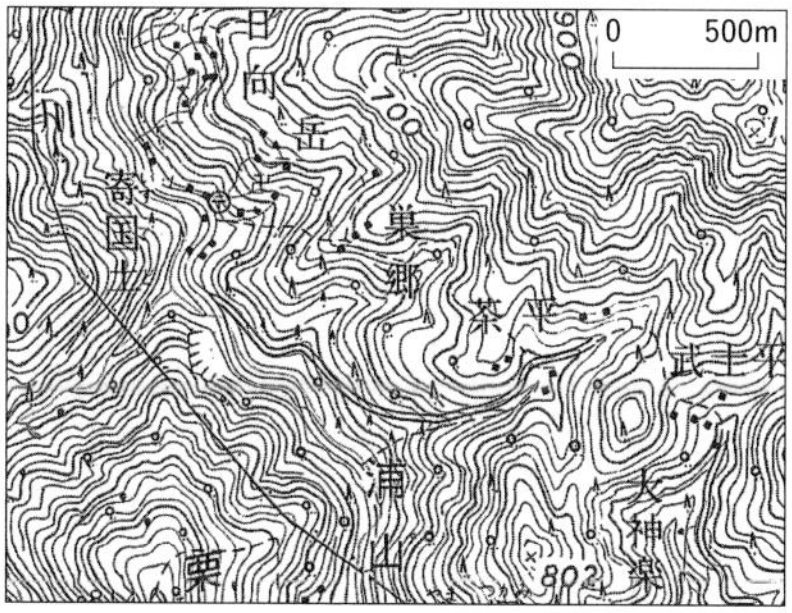

五万地形図 秩父（国土地理院、昭和44）
うわごう道は等高線の中、破線で記されている。

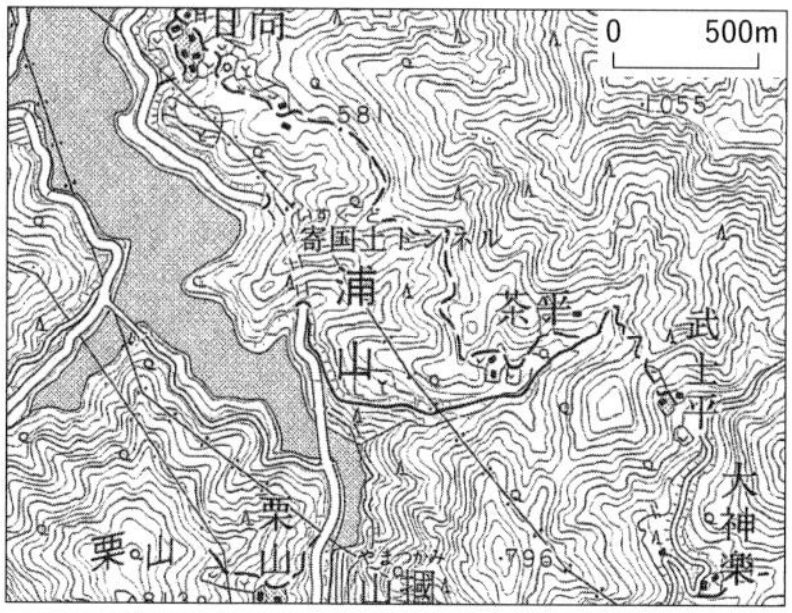

五万地形図 秩父（国土地理院、平成10）
ダム湖によって、浦山の主要部は水没した。

東京都

峰《みね》

西多摩郡奥多摩町
棚沢《たなさわ》字峰

電車で行ける伝説の村跡

移転年　1972（昭和47）年
戸数　16戸（昭和30頃）
個別移転【農山村】
標高　595m（神社）

累計訪問数 64ヵ所　**14**

峰は、多摩川水系入川《いりがわ》谷流域の山の中にあった農山村で、JR鳩ノ巣駅から0・5㎞の棚沢登山口から山道を3㎞（徒歩約1時間）。林道はまだ通じていない。

奥多摩の山々は急峻で谷が深い。峰は川苔《かわのり》山の山麓にあるが、入川谷との間は崖のようになっている。明治期の峰は豊富な木材資源を東京へ供給する基地として栄え、峰の有力者で古里《こり》村長を務めた福島文長《ぶんちょう》は、多摩屈指の大富豪として知られた。1899（明治32）年、当時東京帝大生の柳田國男が文長邸に宿泊し、その時の経験が後の柳田民俗学の源流になったといわれている。峰が「伝説の廃村」と呼ばれる所以である。

鉄道の発達などにより供給地としての優位性は失われ、昭和初期には山を下りる家が出始めた。1956（昭和31）年頃には電気が通じたが、水は遠く離れた川まで汲みに行かなければならなかった。最後の峰の住民が山を下りたのは72年のことである。

思い出は「タイムマシンの廃屋」とともに

「東京都内に廃村がある」ことを知ったのは、2000（平成12）年の年始めだった。峰というその廃村、ネット検索で見つけたページで見た分では、奥多摩町の相当山の深いところだと思ったのだが、鳩ノ巣駅から歩いていけることがわかった。「廃村は簡単には行けない」と思っていた筆者は大いに驚き、知ってから6日後、峰へと向かった。

離れがある平屋の廃屋（平成12年1月15日（土））

タイムマシンの廃屋（平成14年11月4日（月））

秋の落ち葉が積もる福島文長邸跡の平地

浦和の自宅から電車に乗っておよそ2時間、鳩ノ巣駅の近くの川はとても短く、「これをたどって行けるのか」と思ったが、登り詰めた場所の家の方に、「川苔山への登山道を登っていけばよい」と教えていただいた。その先は山道で、にわか登山が始まった。

登山道の尾根越えの高台には祠（大根《おおね》ノ山ノ神）があって、とりあえず一服。さらに少し進むと「旧峰部落ニ至ル」の看板がある川苔山と峰との分岐点があり、分岐点から10分弱、駅から50分ほどで、最初の家跡の平地に到着した。向かいには電柱の切株があった。

計8回訪ねた日天神社（平成27年12月26日（土））

家跡から少し下ると、あまり高くない植林スギの中、2軒の廃屋（平屋と二階建）と「日天《にってん》神社」という社が目に飛び込んできた。平屋の廃屋には離れがあって、樽のような風呂と便所がそのまま残っていた。さらに、裏手の丘と崖の境目を下って行くと、もう1軒の廃屋が見つかった。この廃屋の二階には、農具と思われる木棚があり、教科書やノート、新聞やハガキなどが散乱していた。それらの中には戦前のものも含まれていた。強く記憶に残ったこの廃屋、後に「タイムマシンの廃屋」という愛称を思いついた。

福島文長邸跡の広い平地には、この年の11月、友人と再訪したときにたどり着くことができた。２００２（平成14）年11月には、別の友人とともに峰を訪問した後、タイムマシンの廃屋に住まれていた加藤良光さん（大正９年生）に会うために白丸の老人ホームへと出かけた。このときは、タイムマシンの廃屋から拝借して私家本『廃村と過疎の風景』第１集の表紙にも使った、戦前の年賀状を携えていったものだった。

タイムマシンの廃屋は08（平成20）年頃に崩壊したが、その後も２回、１人ずつ友人を案内している。時が建つたびに植林スギは成長し、集落跡地は森に戻りつつある。

東京都
（島しょを除く）

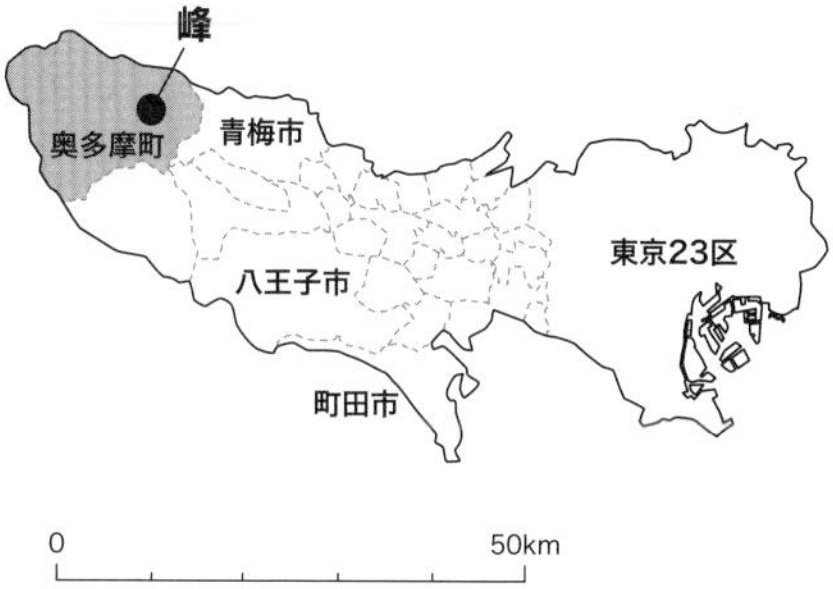

峰は奥多摩の山中、電車で行くことができる。

五万地形図 五日市（国土地理院、昭和47）
家屋を示す点はひとつしか記されていない。

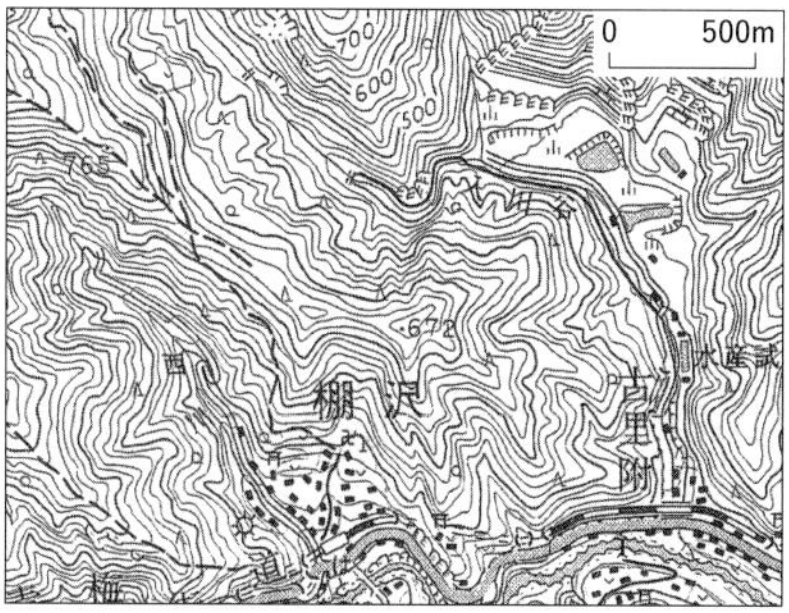

五万地形図 五日市（国土地理院、平成9）
西川沿いから林道が少しずつ延びてきている。

東京都

倉《くら》沢《さわ》

雛壇状石灰鉱山集落の謎に迫る

西多摩郡奥多摩町
日原《にっぱら》字倉沢

移転年　1967（昭和42）年頃
戸数　120戸（昭和30頃）
事業合理化で移転【鉱山集落】
標高　610m（神社）

累計訪問数　170ヵ所　15

倉沢は、多摩川水系倉沢谷流域の山中にあった鉱山集落（元農山村）で、JR奥多摩駅から倉沢バス停まで7㎞（クルマで14分）、山道を0・7㎞（徒歩20分）である。

秩父・奥多摩の急峻な山々は、石灰岩が豊富なことでも知られている。日本二百名山の一つに挙げられる秩父市の武甲山《ぶこう》（海抜1295m）は、ほとんどが石灰岩で構成されており、今は山の形が変わるほど採掘が進んでいる。

奥多摩にも膨大な石灰石資源があるが、その採掘計画はコンクリートの需要が増大した昭和10年代に始まった。そして1946（昭和21）年、奥多摩工業（太平洋セメント系）は日原に氷川鉱業所を開設。以後、今に至るまで石灰石の採掘を続けている。

鉱山集落ができる前の倉沢は、4戸の小さな農山村だったとのこと。「なぜそこに雛壇状の鉱山集落が形成されたのか」、探索のときを振り返りながら、検証していきたい。

広い鉱山集落跡は、好奇心を呼び起こした

筆者がネット情報で倉沢を知ったのは２０００（平成12）年の秋だったが、ＳＩＲＥＮの制作チームなど６人で訪ねたのはその４年後（平成16年秋）となった。

奥多摩駅で集合し、西東京バスの倉沢バス停着は午後１時頃。途中には工場と鉱業所を結ぶ曳索《えいさく》鉄道の鉄橋があり、ワイヤー牽引《けんいん》のトロッコが鉱石を運んでいた。

コンクリ階段と木造社宅跡（平成16年9月11日（土））

石垣の上に共同浴場跡の建物が残る

神社の手前に二階建の廃屋が建っていた

バス停からは「倉沢のヒノキ」の案内板を目印に山道を上ると、ヒノキには15分で到着した。さらに山道を5分進むと、右手下方に1軒の現住家屋が、左手上方に集落跡への入口があった。古びたコンクリ階段を上がると、雛段状に並んだ木造平屋建社宅の廃屋が見え始めた。

しばらく階段を上り続けると、左手に食堂の跡、右手に共同浴場の跡があった。共同浴場跡には男女別の脱衣場、風呂おけ、木製の腰かけまで残っていた。集落跡に広がりがあり、6人は診療所跡、集会所跡などそれぞれ好みの方向へと動いた。その様子はかくれんぼのようであり、好奇心が呼び起こされる。やがていちばん高い位置にある社宅跡に集まって語らいのひとときとなった。

神社の跡地に鳥居と石垣が残る
(平成26年1月4日(土))

集落跡の奥のほうには、他の社宅と異なる構造をもつ二階建の廃屋が建っていた。この建物には、役員クラスの高級社宅説と娯楽場説がある。最後に挨拶した神社は、赤い鳥居と地蔵、傾いた祠などから、一目で古い時代のものとわかった。

翌日、「なぜそこに雛壇状の鉱山集落が形成されたのか」の謎を解くため、単独バイクで再訪した。1軒残る現住家屋の方（坂和連《むらじ》さん、明治40年生）に話をうかがえればと思ったがそれは叶わず、現地の探索で新たに気がつくことは特になかった。

「何かわかることがあるかも」と足を運んだ日原では、交番の駐在の方から「倉沢のことなら栃久保の荒館さんが詳しい」と紹介していただいた。倉沢生まれの荒館喜三次郎さん（大正9年生）は、突然の訪問者をあたたかく迎えてくれた。謎について尋ねたところ「あの場所は坂和家所有の段々畑だった」という明快な回答を得ることができた。

倉沢の社宅群は、05（平成17）年11月、防災上の理由などから一斉に解体された。

東京都
（島しょを除く）

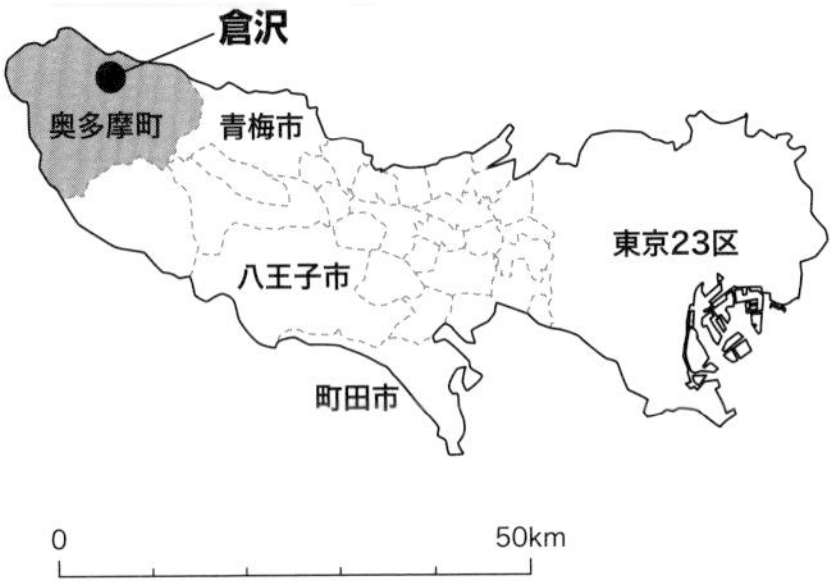

倉沢は奥多摩の山中、元は農山村だった。

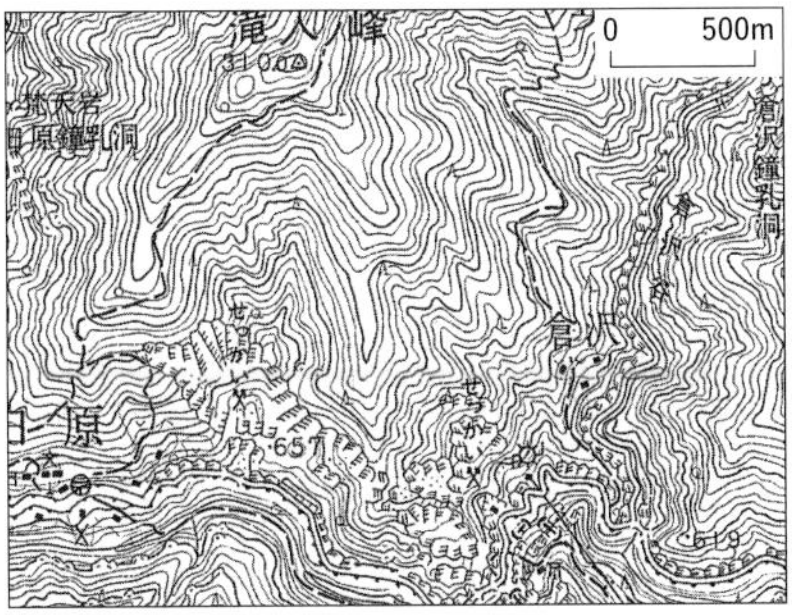

五万地形図 秩父（国土地理院、昭和47）
鉱山へ通うにはよい場所だったことがわかる。

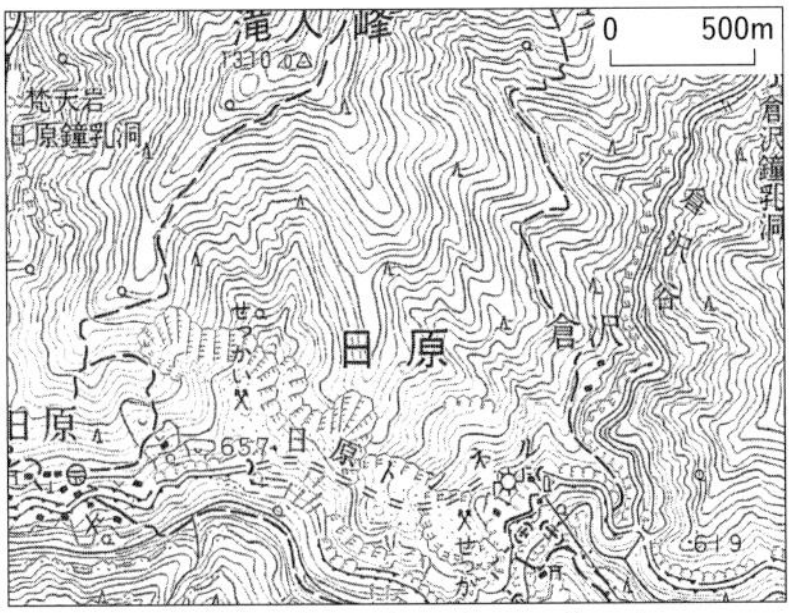

五万地形図 秩父（国土地理院、平成10）
日原へのトンネルは昭和55年に開通した。

新潟県

角《か》海《くみ》浜《はま》

原発計画に消えた毒消し発祥の村

新潟市西蒲区《にしかん》角海浜

移転年　1974（昭和49）年
戸数　31戸（昭和36）
原発建設計画で移転（商業集落）
標高　11m（公会堂跡）

累計訪問数　1ヵ所　16

角海浜は、日本海沿岸の三方を山に囲まれた狭い平地にあった商業集落で、JR巻駅から五ヶ浜まで9km（クルマで18分）、浜辺と歩道で1・5km（徒歩25分）である。

江戸時代から明治にかけて、日本海を往来していた北前船は、角海浜にも寄港していた。角海浜には北前船の船主（廻船問屋）がおり、交易によって多くの商家があり、村は活気にあふれていたと思われる。「滝深山施薬院称名寺《しょうみょうじ》」は、能登より毒消しをもって角海浜へ移転し、施薬と布教によって檀家を増やしていた。白扁豆《はくへんず》（フジマメ）や硫黄、菊名石《きくめいせき》（腔腸《こうちょう》動物が作る炭酸カルシウムの骨格）などを主成分とした毒消しは、交易で原料を調達することによって作られた。江戸末期、民間に製造権、販売権が譲渡され、男たちによる毒消しの行商が始まった。明治になって移動制限の撤廃で女たちが行商に出るようになり、毒消し売りは飛躍的に発展した。その後、角田山《かくだやま》周辺の村々に波及し、ピーク時（昭和10年代）には２５００人以上の女たちが毒消し売りとして地域経済に貢献した。

巻原子力発電所の建設計画は、１９６９（昭和44）年６月に表面化した。すでに過疎が進んだ角海浜に大きな反対運動は起こらず、74（昭和49）年７月、最後の住民が移転した。翌75年、原発予定地を迂回する越後七浦シーサイドラインが全通した。巻原発の動向は全国的に注目されたが、住民投票を経て、２００３（平成15）年に白紙撤回された。

再訪時の角海浜、車道終点（昭和63年8月22日（月））

崩落が進む使われなくなった車道（令和２年6月20日（土））

浜と丘の間の崖に水瓶を見つけた

絶え間なく響く波の音は、今も昔も変わらない

1981（昭和56）年3月、初めての新潟への旅、越後赤塚駅で下車し、歩きがてら地図を見ると、佐渡海峡沿いの海辺には角田浜、五ケ浜、角海浜という集落名が並んでいる。海沿いの道や浜を歩いて着いた三つ目の角海浜では、作業小屋とお墓しか見当たらなかった。その時感じた静けさと寂しさ、のどかさと驚きは深く記憶に刻まれた。

1988（昭和63）年8月、大阪から北海道小樽までのツーリングの道中、立ち寄った角海浜の車道終点には「巻原発1号機配置計画図」の案内板が建っていた。

2020（令和2）年6月、32年ぶり三度目の角海浜にはレンタカーで出かけた。梅雨の晴れ間の午後、クルマで行こうとすると、「崩落のため通行禁止」という案内板と閉まったゲートに出くわした。しかたがないので五ケ浜に戻り、砂浜やテトラポット、石積み、コンクリの護岸を歩いていくと、崩落箇所の先の車道にたどり着くことができた。使われなくなった道は傷んでおり、集落跡の手前にも小さな崩落箇所があった。

集落跡は草藪に覆われている（令和2年10月18日（日））

集落跡には東北電力の施設があるため、場所の特定はたやすい。「どうなっているのだ

ろう」と思いながら訪ねたところ、そこには施設が建つだけで、他は一面草に覆われた平地となっていた。少し先へと進むと、車道終点のトンネルにたどり着いた。トンネルには柵が施されていたのでここで折り返すことにした。車道から浜に下りて歩き回っていると、浜と丘の間の崖に往時のものと思われる水瓶を見つけることができた。絶え間なく響く波の音は、往時から変わらないのであろう。

後の調べで、角海浜は1903（明治36）年まで西蒲原《にしかんばら》郡角海浜村という学校がある一集落の行政村で、役場兼校舎は永らく公民館として残っていたことを知った。

角海浜は、日本海と角田山・弥彦山の狭間にある。

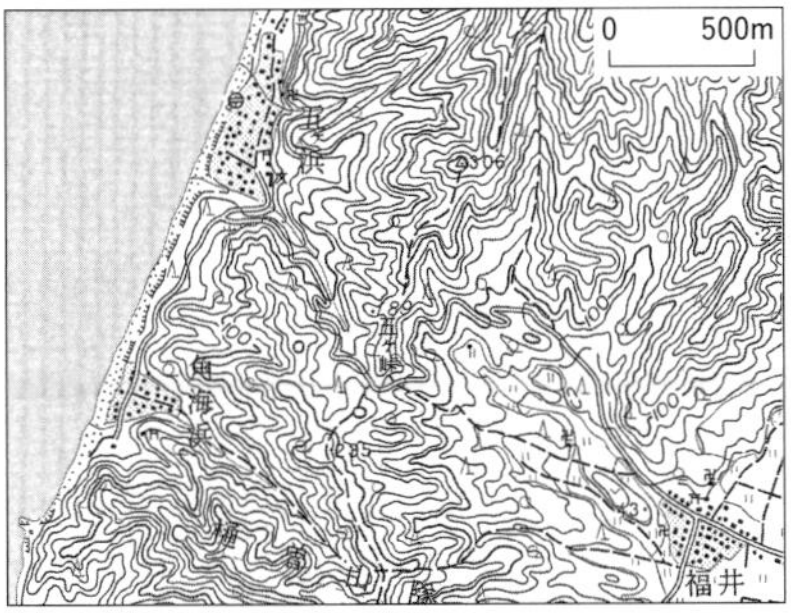

五万地形図 弥彦（国土地理院、昭和42年）
昭和40年代、角海浜―五ケ浜の車道はなかった。

五万地形図 弥彦（国土地理院、平成15年）
閉まったゲートは、「36」地点の三差路にある。

新潟県

上日出山《かみひでやま》

中魚沼郡津南町《つなん》
結東《けっとう》字上日出山

河岸段丘谷底に建っていた萱葺き家屋

移転年　1975（昭和50）年
戸数　9戸（昭和30）
集落再編成事業で移転【農山村】
標高　702m（神社）

累計訪問数 215ヵ所 **17**

上日出山は、信濃川水系志久見《しくみ》川支流（横平川）上流の谷底部にあった農山村で、JR森宮野原駅から10㎞（クルマで20分）である。

新潟県中越・津南町には、魚沼産コシヒカリ、豪雪、河岸段丘という三大名物がある。このうち河岸段丘は、日本一の規模を誇るといわれる。町中央部を流れる中津川、西南部を流れる志久見川の上流部は深い渓谷になっており、志久見川と中津川の間にはとても広い段丘面がある。地形図の等高線は特異的で、地図好きの方ならば「どんな様子なんだろう」と心が揺さぶられるはずだ。

河岸段丘の志久見川側谷底には、下日出山、上日出山という農山村が点在するが、両集落とも常住する方はいなくなっている。河岸段丘面の横根《よこね》にも、牧場はあるが住む方は皆無となっている。

歴史ある家屋は、豪雪によって倒れていった

上日出山、下日出山、横根は、2006（平成18）年の秋、2泊3日の単独ツーリングの道中に訪ねた。津南町の農家民宿「もりあおがえる」は、ローカルバスの終点百ノ木《もものき》（戸数9戸、当時）にある。ご主人（中島正博さん）達と賑やかに過ごす夜は芋焼酎もはかどった。翌朝は未明に起きて、バスが通らない県道を走り、各集落をめぐった。

段丘上から見た下日出山（平成18年10月15日（日））

上日出山・二棟並んで萱葺き屋根の家屋が建つ

下日出山・冬季分校跡の校舎が残る

最初に訪ねた横根では、段丘面上に牧場が広がっていた。道は区画整理されており、古い地形図の道をたどることはできなかった。横根分校（昭和45年閉校）跡を目指し狭い未舗装道にも入ったが、道は区画整理されており、その痕跡を見つけることはできなかった。

横根分校跡付近の標高が８０８ｍなのに対し、直線距離だと５００ｍの上日出山の標高は７０２ｍ。段丘面の縁から見下ろす下日出山は霞んでいて、上日出山に向かう下り道はほぼ1㎞、「なるほど日本一の規模」と納得する。

上日出山（戸数6戸、当時）には、二棟の萱葺き屋根の家屋が建っていた。おじいさんの姿が見えたので、「おはようございます」と挨拶をして話をうかがったところ、ふだん集落に居るのはおじいさんの家族だけで、11月中旬には津南市街に下りるため、冬は無住になると教えていただいた。

続いて下日出山（戸数7戸、常住3戸、当時）ではおばあさんに出会えたので、挨拶をしてかつてあった冬季分校の所在をうかがうと、「集落の端っこにある」とのこと。下日出山冬季分校跡（昭和40年閉校）の校舎は、グレー屋根の小さな木造二階建だった。

萱葺き家屋は倒れていた（平成29年7月31日（月））

上日出山は長野県境近く、河岸段丘の谷底部にある。

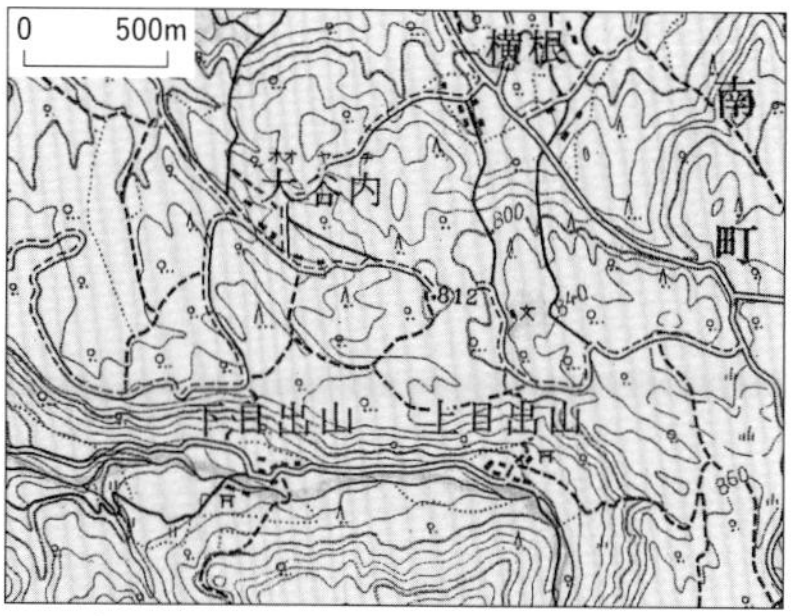

五万地形図 苗場山（国土地理院、昭和37）
横根分校は上日出山から比較的近かった。

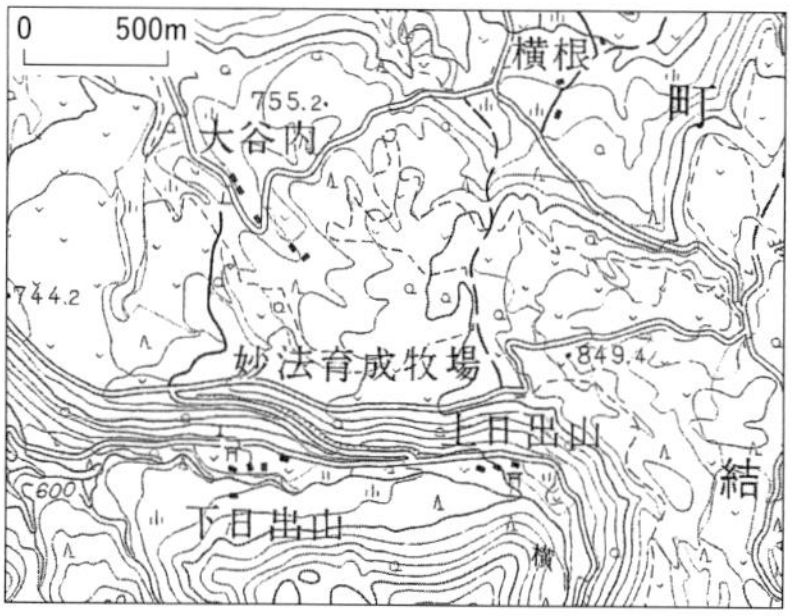

五万地形図 苗場山（国土地理院、平成19）
上日出山には移転後も無積雪期の居住があった。

２０１７（平成29）年の夏、久しぶりに「もりあおがえる」に泊まり、翌朝、中島さんの案内で、11年ぶりに下日出山、上日出山と横根の分校跡へと出かけた。

下日出山から冬季分校跡の校舎はなくなっていた。中島さんは「2月に最後の住民の方が町に下りた」と話された。また、上日出山の萱葺き屋根の家屋は、倒れてしまっていた。中島さんも「この家屋が倒れたのは初めて知った」とのこと。なじみの集落の再訪は、その変化が顕著な場合、どうしても寂しく感じられてしまう。段丘面の横根分校跡地には特に何もなかったが、木々が茂らない平地にほのかに分校跡の匂いがした。

長野県

堀越《ほりこし》

スキーリゾートの麓にある三つの廃校廃村

飯山市蓮《はちす》字堀越

移転年　1980（昭和55）年
戸数　11戸（昭和35）
集落再編成事業で移転【農山村】
標高　703m（分校跡）

累計訪問数　186ヵ所　18

堀越は、信濃川水系斑《まだら》川源流部の高原面にあった農山村で、JR飯山駅から10km（クルマで25分、電動アシストサイクルで1時間10分）である。

2005（平成17）年5月、筆者は「学校跡の所在」をしばりとして、全国の廃村の様子を調べ始めた。その成果は資料集「廃村千選」として形になった。堀越は近隣の沓津《くつつ》とともに、学校跡を目指す廃村旅を始めた頃に訪ねた廃村として思い出深い。

飯山市は信州と日本海を結ぶ交通の要所として栄えた町で、市街の標高（315m）は信州一低い。観光では寺の町（雪国の小京都）、斑尾《まだらお》高原リゾート、戸狩《とがり》温泉など著名なスポットがある。しかし、全国でも有数の豪雪地のため、山間部における冬は厳しく、高度経済成長期後期を中心にいくつかの廃村が生じた。斑尾高原の麓には堂平《どうだいら》、沓津、堀越という三つの「学校跡がある廃村」（廃校廃村）が点在している。

分校跡校舎は森の中に残っていた

2005（平成17）年の夏、妻とともに出かけた信州ツーリング、2日目は斑尾高原のペンションに泊まり、翌日、高原麓の三つの廃校廃村を訪ねた。午前中に、当時2戸の暮らしがあった堂平（平成19年離村）、沓津（昭和47年離村）を訪ね、飯山市街で食事をした後、午後に堀越を目指した。堂平の分校跡校舎は、個人宅と

森の中に分校跡校舎を見つけた（平成17年8月5日（火））

二階の教室には、雰囲気が残っていた

16年後、雑木とともに建つ校舎（令和3年5月1日（土））

して使われていた。整った沓津の分校跡校舎では、元住民の方（佐藤長治《ちょうじ》さん）と出会った。

秋津小学校から山へと向かい、比較的走りやすい未舗装道を進み、田草《たくさ》（昭和47年離村）を経てたどり着いた堀越には、数戸の家屋と神社が見られた。堀越集落の外れ、柳《やない》久保《くぼ》（昭和46年離村）の間にあった秋津小学校立石《たていし》分校は、へき地等級２級、児童数21名（昭和34）、１８８５（明治18）年開校、１９８０（昭和55）年閉校。分校跡は堀越集落の三差路から東へ５００ｍの分岐点から逆Ｓ字状の道を３００ｍ入った場所にある。しかし、分岐点は見当たらず、妻には堀越で待ってもらい、単独で藪こぎをしたが分校跡にはたどり着けなかった。地域の方の姿もなく、ひとまず撤収することにした。

地図をしっかり確認した後、単独で再度出かけたのは夕方5時頃。堀越の三差路からメーターで確認して５００ｍの地点には、草むらへ電線が入っていく箇所があり「ここしかない」と藪をかき分けてしばらく進むと、うっすらとトレースできる道があった。注意深く逆Ｓ字状の道をたどると、木造モルタル造二階建の校舎が見つかった。中の様子をう

森の中、小さなプールが潜む（令和３年５月）

かがうと、一階には職員室、宿直室、講堂、二階には教室が二つあった。小さな分校が二階建で造られるのは、雪国の特徴のようだ。手入れがなされない状態で、豪雪地に立ち続けているモルタル木造校舎の姿は、凛《り》々《り》しく見えた。

２０２１（令和３）年の春、14年ぶり四度目の堀越は、飯山駅で電動アシストサイクルを借りて出かけた。集落には神社と蔵が見られたが、手入れされている感は薄かった。分校跡へと向かう逆Ｓ字状の道は倒木や雑木で荒れていたが、校舎はその姿を留めていた。手前のプールを見て、「いつか校舎は朽ちてもプールは残るんだろうなあ」と思った。

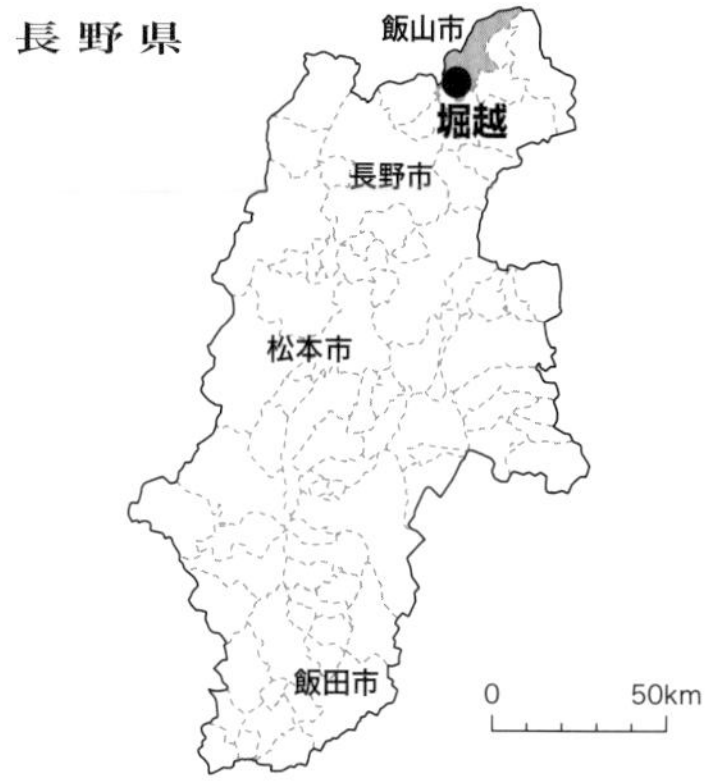

堀越は、飯山市街が見下ろせる高原面にある。

五万地形図 中野（国土地理院、昭和39）
「文」マークへの道は、北側の林道から出ている。

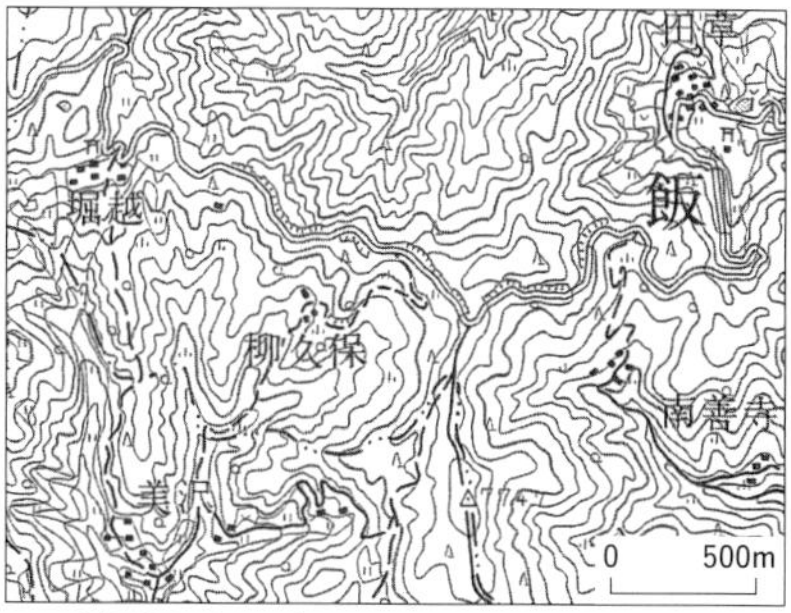

五万地形図 中野（国土地理院、平成10）
堀越など図の五集落は、すべて廃村になっている。

長野県

野田平《のたのひら》

村跡を訪ねて分校跡校舎に泊まる

下伊那郡豊丘村
神稲《くましろ》字野田平ほか

移転年　1980（昭和55）年
戸数　42戸（昭和35）
集落再編成事業で移転【農山村】
標高　843m（分校跡）

累計訪問数　223ヵ所　19

野田平は、天竜川水系虻《あぶ》川上流部の山中にあった農山村で、豊丘村中心部から11km（クルマで25分）、JR飯田駅から21km（同45分）である。

野田平地区は野田平、北山《きたやま》、本谷《ほんたに》、萩野《はぎの》、坂島《さかじま》という五つの小集落からなる。野田平には、江戸期は木地師（定住をせず、木を伐採してロクロを用いて椀や盆などを作ることを生業とする職人）の居住地があって、明治期に木地師が去った跡地を山仕事（製炭、製材等）の仮住まいにしたことから定住が始まったと伝えられる。

野田平分校跡の門柱脇にある「望郷の碑」（平成2年建立）には、「最盛期70戸の部落も満州移民、三六《さんろく》災害等により27戸に減少した。ますます進む過疎化に対処し、住民の総意により移転を決意し、村の指導を仰ぎ集落整備事業により昭和55年新天地への移住を完了した」との旨が刻まれている。三六災害は、1961（昭和36）年の梅雨時に起きた豪雨災害で、被害は全国各地に及んだ。中でも被害が甚大だった南信・伊那地方では、中川村四徳《しとく》、大鹿村北川《きたがわ》がこの災害を契機に離村している。

学校跡校舎を使った宿泊施設は全国にあるが、「廃村の学校跡」に絞り込むと、その数はわずかしかない。筆者が泊まったことがある廃村の学校跡校舎は、野田平分校跡、長崎県野崎島野首《のくび》の野崎小中学校跡、大分県尾平《おびら》鉱山の尾平小中学校跡の3ヵ所である。

野田平・朝の校舎の廊下（平成19年5月13日（日））

校舎をバックに筆者と妻、2台のバイク

本谷・鳥の巣箱のような廃屋を見つける

校舎一棟を夫婦だけで使うことができた

2007（平成19）年5月中旬、妻と2台のバイクで出かけた三遠南信《さんえんなんしん》3泊4日廃村ツーリングでは、3泊とも「校舎を使った宿泊施設」を使った。特に2泊目の野田平分校跡（野田平キャンプ場）は所在地が廃村ということで、注目度が高かった。

宿泊当日は天竜川に近い林道を走って静岡県から長野県に入り、「施設に風呂がない」ということで、JR飯田線平岡駅に併設された温泉施設に立ち寄った。豊丘村に入って村役場近くコンビニで買い出しをして、野田平キャンプ場に到着したのは夜の帳も下りた午後7時頃。キャンプ場には管理者の方がいるだけで、他にお客はいなかった。宿泊手続きを取ると、コンロがある別棟の新しいバンガローと、宿泊する校舎の間を行き来しながら、夫婦だけで非日常的な夜を過ごした。

豊丘南小学校野田平分校は、へき地等級3級、児童数33名（昭和34）、1903（明治36）年開校、76（昭和51）年休校、81年閉校。校区の五つの小集落のうち、北山、本谷、萩野は、教室の名前として使われており、2人は萩野という教室に泊まった。

本谷・「野生かも」と思ったイノブタ

翌日、遅めの朝食の後、「どれか1ヵ所、小集落の様子を見てみましょう」と妻と一緒に本谷に出かけた。バイクでしばらく走ると左手に鳥の巣箱のような廃屋が見つかり、神社や入口にロープが張られたいくつかの廃屋が見られた。行く手で出会った黒くて大きなイノブタは「野生かも」と思ったが、よく見ると豚舎で飼われている様子だった。

管理者の方にお礼をいって野田平キャンプ場を出発したのは午前10時半頃。周辺の舗装道には細かい砂利が乗っていて、すべりそうでおっかなかったが、これは崩れて砂になりやすい花崗岩を多く含む地質のためなのだろう。

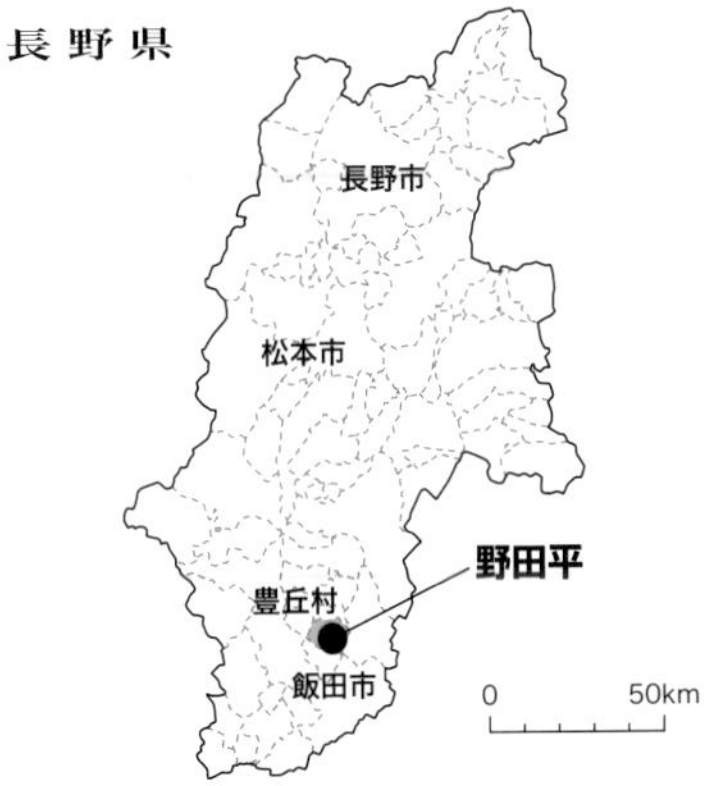

野田平は飯田市近郊、豊丘村の山中にある。

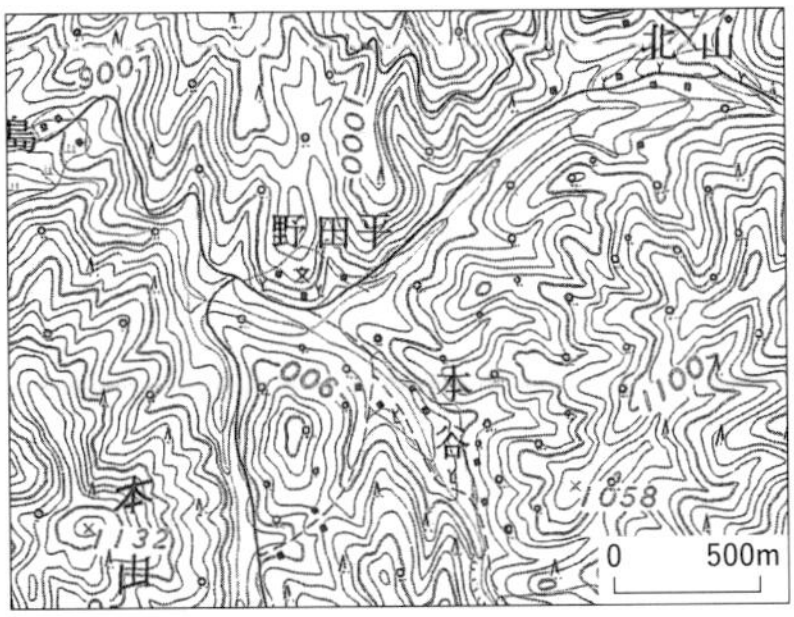

五万地形図 飯田（国土地理院、昭和43）
野田平地区では、本谷の規模が大きかった。

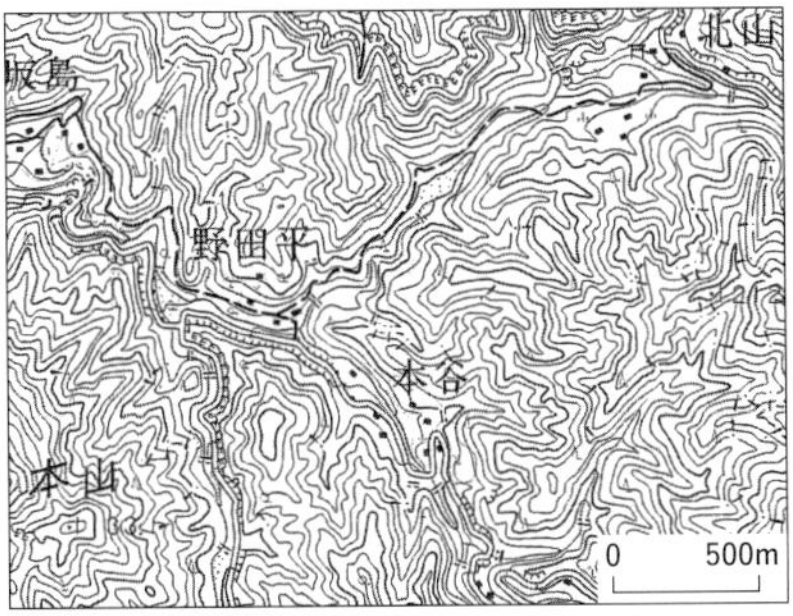

五万地形図 飯田（国土地理院、平成16）
現在、地区内でリニア新幹線の工事が進んでいる。

長野県

大平《おおだいら》

旅籠町を訪ねて民宿に泊まる

飯田市上飯田字大平

移転年　1970（昭和45）年
戸数　38戸（昭和35）
集落再編成事業で移転【旅籠町】
標高　1147m（学校跡）

累計訪問数　168ヵ所　20

大平は、天竜川水系黒川源流部の高原にあった旅籠町で、JR飯田駅から18km（クルマで38分）、南木曽《なぎそ》駅から25km（同50分）。積雪期、通じる道は閉ざされる。

大平の開拓は、1750年頃（江戸期・宝暦年間）と伝えられる。中山道の妻籠《つまご》と飯田は大平街道で結ばれており、大平は中継地の役割を担った。木曽谷に鉄道が通じた大正期に全盛期を迎えたが、昭和期に伊那谷にも鉄道が通じ、徒歩交通が過去のものになるにしたがって大平は寂れていき、1970（昭和45）年11月、集団移転が行われた。

離村から3年後（昭和48年）、観光開発の計画への反発をきっかけに、旅籠町の町並みの保護、自然の保護などを目的とした市民団体（後の「大平宿をのこす会」）は積極的に行政への要望活動を続け、専門家やジャーナリストなどとも連携し、質の高い保存運動を展開した。旅籠町の風情が残る「いろりの里 大平宿」は、保存運動の賜物といえる。

旅籠泊の予定を、急きょ民宿泊に変更した

2004（平成16）年のお盆休みは、妻と一緒に浦和から大阪（岸和田と堺）まで、1週間のツーリングを行うことになった。往路は事前に「大平宿をのこす会」事務局に電話連絡して、江戸期建立の「大蔵屋」に泊まる計画を立てた。

宿泊当日は中山道の妻籠から大平街道に入り、木曽峠を越えて夕方4時40分頃に大平へ

学校跡校舎と集落移住記念碑（平成16年8月12日（木））

宿泊した明治期建立の民宿「丸三荘」

宿泊予定だった江戸期建立の旅籠「大倉屋」

到着した。「いろりの里 大平宿」の案内板近くにバイクを止めて、鍵の受取りと食事の買出しに単独で飯田市街に下りるため、荷物が置けるところを探していると、煙が上がる整った家屋の前には「宿泊 承ります 丸三《まるさん》荘」との看板があった。話をうかがうと、食事・風呂付きで宿泊できるとのこと。不便は承知の上で来た大平だが、ここは迷わず民宿泊に変更となった。

旅籠の鍵は、見学用に受け取ることになった。市街の「大平宿をのこす会」でいただいたパンフには「利用にあたっては不便である点はむしろ喜びとして、進んで古き良さを活かした生活をすること」と記されていた。

この夜の「丸三荘」の宿泊は、筆者夫婦と釣りの方の3人。愛知県で建設業を営む宿のご主人（加藤三人さん）は、1959（昭和34）年まで大平に住まれていて、「あの頃は山から降りたら良い仕事はいくらでもあった」という言葉は記憶に残った。明治期の建物を使った民宿は開いて間もないとのこと。外に出ると驚くほどの満天の星。囲炉裏の火に当たりながら飲んだ熊笹入りの焼酎はとても美味だった。

旅籠の明かりは裸電球、床は黒光りしていた

翌日早朝、宿を出るとすぐそばに集落移住記念碑と小学校跡が見つかった。大平小学校（のち丸山小学校大平分校）は、へき地等級1級、児童数36名（昭和34）、１８７３（明治６）年開校、１９７０（昭和45）年閉校。学校跡には整った校舎、校庭と炊飯場があった。集落跡には特徴がある造りの旅籠が十数棟あって、雰囲気満点。ホーロー看板、古い民具、庚申の石碑、川の流れなどが雰囲気を盛り上げていた。

朝食後、足を運んだ「大蔵屋」では、黒光りする床に古びた囲炉裏が迎えてくれた。同行した妻からは「バンガローのような感じやね」という声があがった。

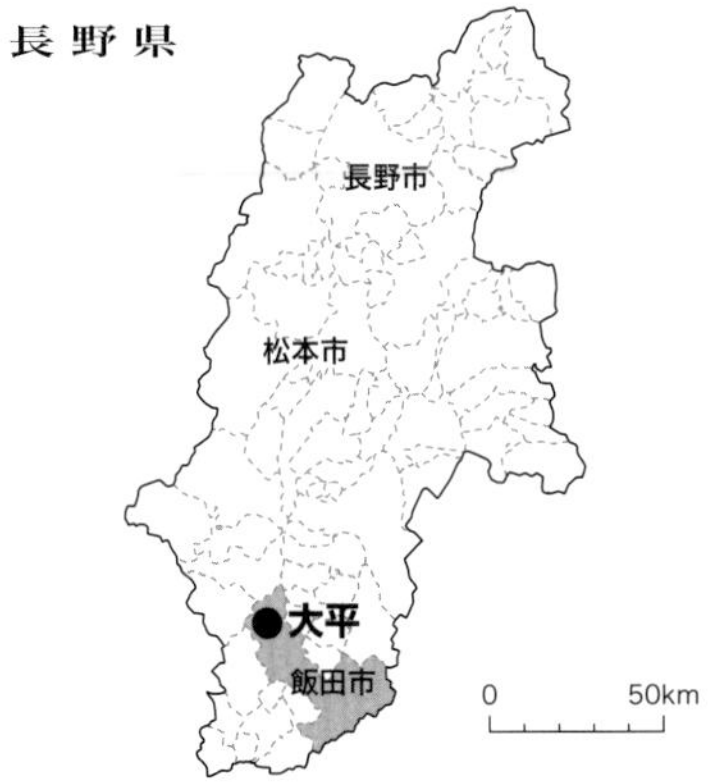

大平は、伊那谷－木曾谷間の高原にある。

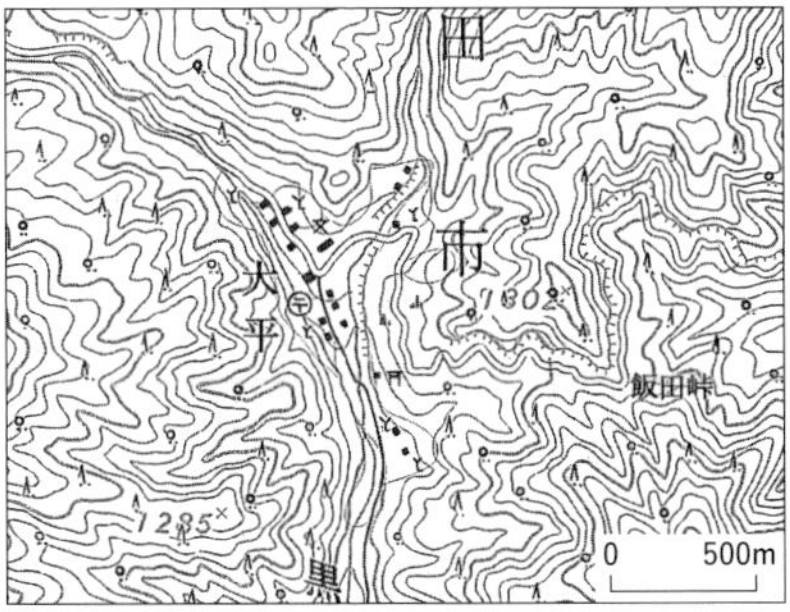

五万地形図 妻籠（国土地理院、昭和43）
戦後の大平に旅籠の仕事はなくなっていた。

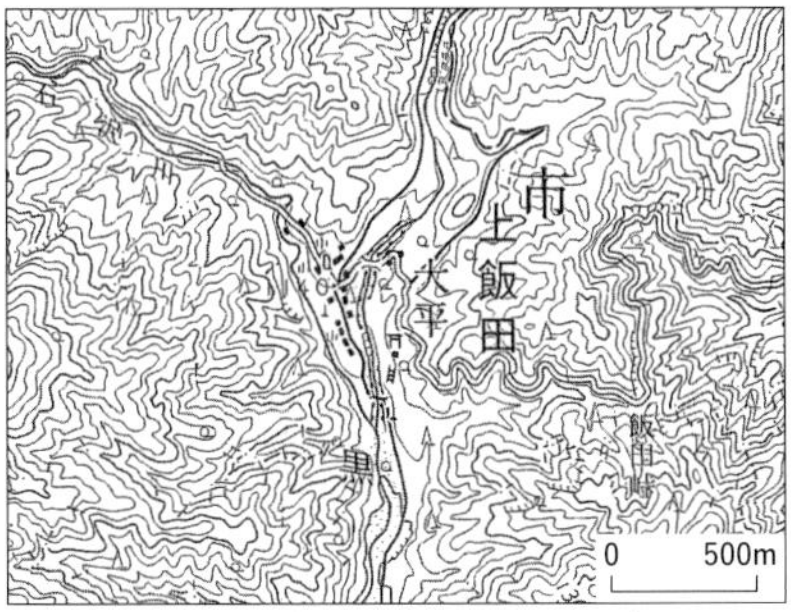

五万地形図 妻籠（国土地理院、平成20）
今は離村時より旅籠町らしいのかもしれない。

静岡県

小俣京丸《おまたきょうまる》

浜松市天竜区
春野町小俣京丸

伝説の京丸ボタンの里へ

移転年　1969（昭和44）年頃
戸数　9戸（昭和39）
個別移転【農山村】
標高　614m（分校跡）

累計訪問数
105ヵ所

21

小俣京丸は、天竜川水系石切《いしきり》川上流域にあった農山村で、岩岳《いわたけ》山に近い小俣と京丸山に近い京丸に分かれる。うち小俣は、JR掛川駅から62km（クルマで2時間）である。

小俣京丸には遠州七不思議の一つ「京丸ボタン」の伝説がある。それは「京丸で心中した男女の命日、60年に一度、京丸山には唐傘大のボタンの花が咲く」という物悲しい伝説で、隣の岩岳山に咲くアカヤシオツツジの群生と係わりがあるといわれている。また、村の成立は南北朝時代の南朝の落人絡みという。

1930（昭和5）年には小俣と京丸で21戸、113人が住んでいた。また、65年に『日本百名山』で知られる登山家　深田久弥《きゅうや》が小俣を訪れており、「小俣は高い台地にある部落で、以前は9軒あったそうだが、いま人の住んでいるのは、2、3軒しかない。廃屋があちこちに残っている侘しい風景がそこにあった」と記している。

人けがない集落跡は整然としていた

2001（平成13）年8月、小俣京丸には実家がある大阪・堺から住まいがある浦和への移動中、新幹線を掛川で途中下車してクルマを借りて出かけた。掛川市街からおおむね北に向かって走り、春野町中心部を抜けて気田《けた》川を離れると道の表情が険しくなり、手前の集落 石切に着いたのは午後3時半頃。山里の空気を吸い込んだとき、頭が旅のモード

小俣の家屋が見えてきた（平成13年8月5日（日））

スギ林の中、分校跡の碑を見つけた

スギ林に残る分校跡校舎は薄暗かった

に切り替わった。石切の学校跡地には旧校舎がバンガローとして残っており、校庭とともにキャンプ場として活用されていた。施設の方は、「キャンプ場の管理を兼ねて、楽器の部品を作っている」と話された。

石切を後にして、尾根に近い集落 杉峰《すぎみね》を回って未舗装の林道を4㎞ほど走り、岩岳山登山口の駐車場に到着したのは午後4時半頃。駐車場に他のクルマはなかった。駐車場から歩き始めて10分ほどで小俣の家屋が見え始めた。荒れた感じはしないが、人の気配は全くなかった。大きな家の前の水槽にはコイが泳いでおり、畑の様子からも、元住民の方が手入れされているのであろう。

山道をたどって坂を上がっていくと神社があって、その左脇に古びた小屋を発見。さらに「石切小学校小俣分校跡」という小さな碑が見つかり、この小屋が校舎ということがわかった。古い地形図を持っていなかったら、たどり着けなかったことだろう。石切小学校小俣分校はへき地等級4級、児童数13名（昭和34）、1935（昭和10）年開校、66年閉校。教室はガランとしていたが整っていた。小俣の離村時期は、65年に「いま人の住んで

再訪時、コウモリに遭遇した教室（平成19年5月12日（土））

いるのは、2、3軒しかない」という状態だったことを鑑みて、分校の閉校から3年後(昭和44年)頃と推測している。

小俣京丸には2007(平成19)年5月、妻と2人でのツーリングの道中に再訪している。早朝に宿泊地とした石切キャンプ場(旧校舎)を単独で出発し、岩岳山登山口へと続く林道入口には閉ざされたゲートがあったが、幸いバイクは横から入っていくことができた。家屋は6年前に比べると朽ちた感じがした。分校跡校舎は、スギ林の中に残っていたが、訪ねたときはまだ陽が射す前で、教室ではコウモリに遭遇した。

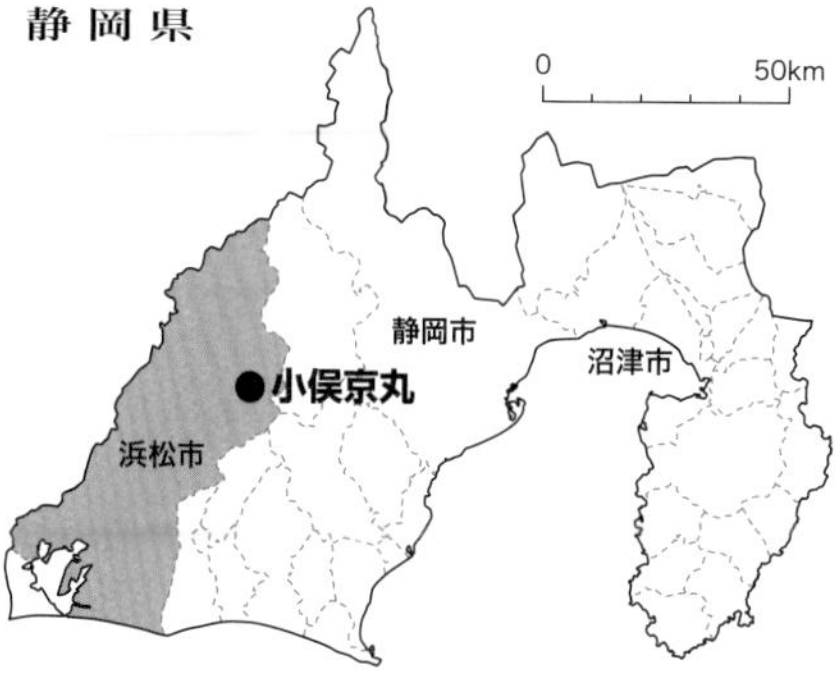

小俣京丸は、頼りない林道先の山奥にある。

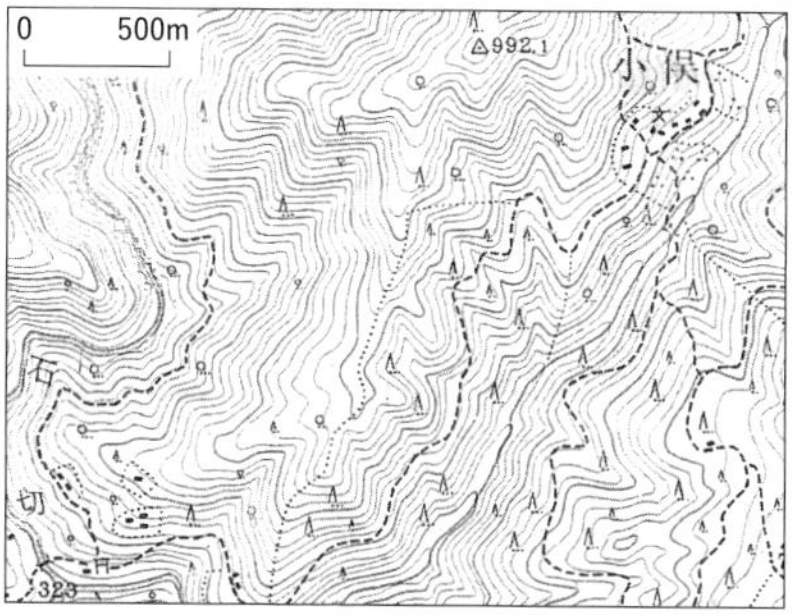

五万地形図 佐久間(地理調査所、昭和35)
左下隅の神社マークのそばに石切小学校があった。

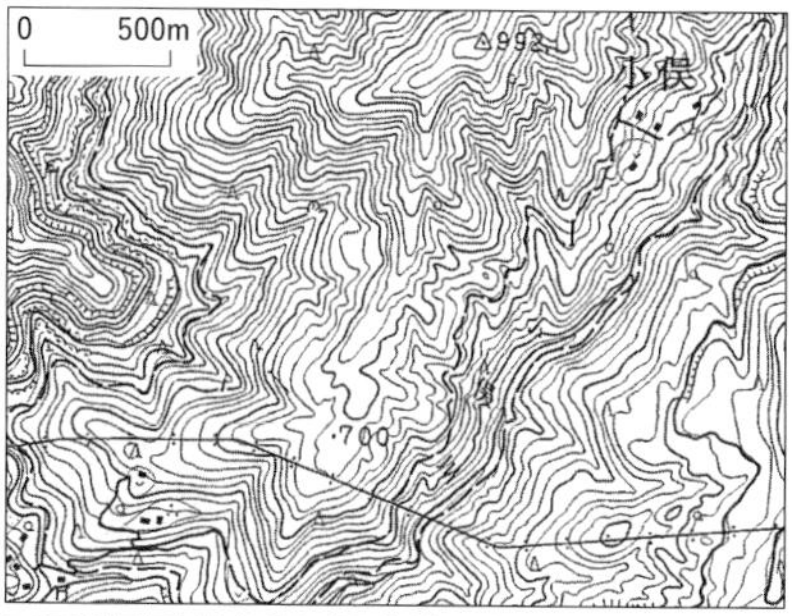

五万地形図 佐久間(国土地理院、平成15)
小俣への山道(破線)は、廃道になったと思われる。

静岡県

大嵐《おおぞれ》

テレビロケで訪ねた高度過疎集落

浜松市天竜区水窪《みさくぼ》町
奥領家大嵐

移転年　2014（平成26）年
戸数　27戸（昭和31）
個別移転【農山村】
標高　710m（分校跡）

累計訪問数
249ヵ所
22

大嵐（白倉《しらくら》大嵐）は、天竜川水系白倉川上流域にあった農山村で、JR水窪駅から15km（クルマで30分）。水窪駅の隣には長いトンネルを挟んで大嵐駅があるが、駅のそばの大嵐（天竜大嵐）は別集落である。

廃村とごく少数戸が残る集落の違いは微妙であり、筆者は厳密な境界線を引いていない。資料集「廃村千選」の作成においては、「学校跡があって、かつ戸数5戸以下の集落」を「高度過疎集落」と銘打って、リストに含めていった。

リストで取り上げた「学校跡がある廃村」（廃校廃村）が1000ヵ所を超えてからは、「冬季分校跡がある高度過疎集落は、戸数3戸以下とする」、「冊子『廃村千選』発行以降に見つかったものは、追加していく」、「東日本大震災が起きた2011（平成23）年以降に生じた廃村は原則追求しない」などの調整をすることで、廃校廃村の総数は1050で落ち着いている（令和3年9月現在）。

　訪ねた当時（平成20年）は3戸が住む高度過疎集落だった大嵐だが、3年後（平成23年）に校舎は取り壊され、6年後（平成26年）に自治会は解散した。このように、廃校廃村における廃村と高度過疎集落の割合は少しずつ変化しており、廃校廃村総数1050のうち、廃村は900ヵ所、高度過疎集落は150ヵ所となっている（令和3年9月現在）。

分校跡校舎が建っていた（平成20年1月19日（土））

校舎の廊下にハンドベルが残る（同1月20日（日））

商品跡の建物と、撮影をするスタッフ

思い出は『熱中時間』とともに

大嵐には２００９（平成21）年の年始め、ＮＨＫ－ＢＳのテレビ番組『熱中時間』のロケで、近隣の廃村（新開《しんかい》、有本《ありもと》）とともにバイクで出かけた。１月にバイクで廃村へ出かけたのは、唯一無二のことだ。

林道白倉山線にある大嵐バス停に到着したのは午後２時20分。バスは週に２日（火・金）、２便だけ走るコミュニティバスで大嵐が終点。周辺には又廃屋があるだけのバス停近くにバイクとロケバスを停めて、車道を歩いて上がっていくと、10分ほどで分校跡に到着した。水窪小学校大嵐分校は、へき地等級４級、児童数56名（昭和34）、１９０８（明治41）年開校、85（昭和60）年休校、２００４（平成16）年閉校。分校跡の敷地は二段になっており、上段の教員住宅跡の建物は公営住宅として使われていた。下段には木造モルタル造平屋建の校舎が建っており、「公営住宅に移転してきた」という住民の方（筆者と同年配の男性）は「校舎の職員室が自治会の集会所として使われている」と話された。

大嵐の撮影は、翌日の午前９時半から行われた。校舎に入って電灯を点けると、廊下や

宿直室には、蚊取り線香とハエ取り紙があった

宿直室に往時の趣がよく残っていた。撮影を始めてしばらくすると、住民の方が「こんなものが見つかった」とハンドベルを持ってきてくれた。住宅地図に載っていた商店は閉ざされていた。住民の方によると「店主のおばあさんは、昨年水窪市街に越された」とのこと。店の入口脇には、分校で使われていたと思われる椅子が置かれていた。

『熱中時間』は2月3日（日）にオンエアされた。「廃村熱中人」として出演した筆者は、番組の〆の「今後の夢は」というナレーターの問いに対して、「全県制覇が大きな目標」と答えていた。この目標は、放送の5年後（平成25年）の夏、宮崎県で達成した。

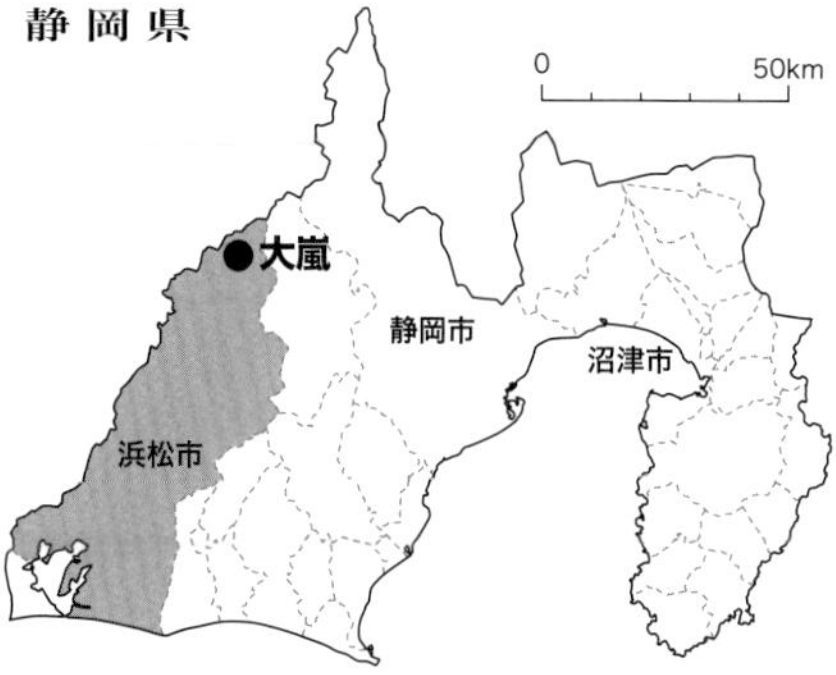

白倉大嵐と大嵐駅は、車道だと49km離れている。

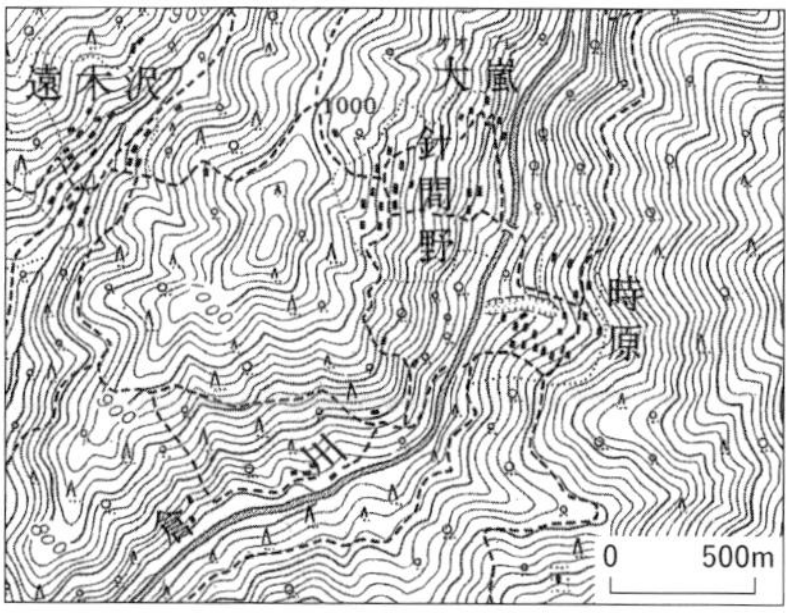

五万地形図 満島（地理調査所、昭和35）
林道開通まで、大嵐地区には山道しかなかった。

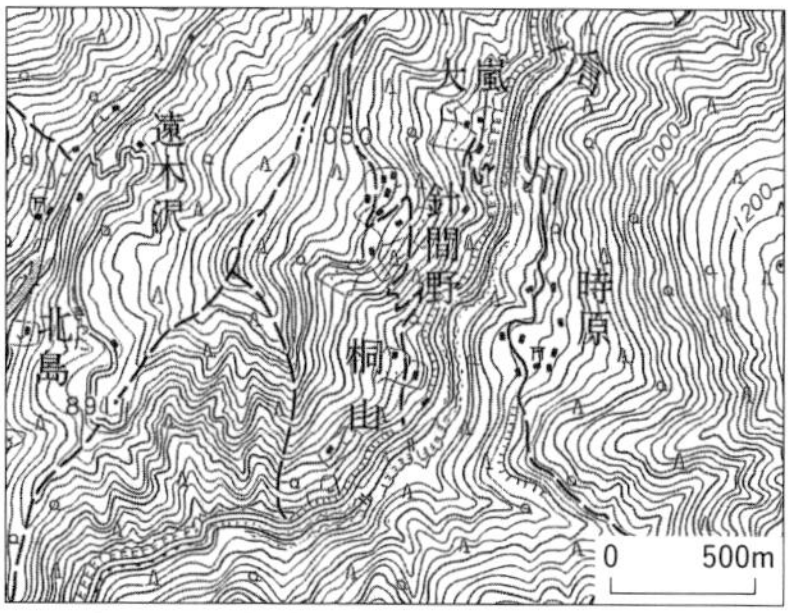

五万地形図 満島（国土地理院、平成7）
文マークは、五万図には記されなかった。

岐阜県

戸《と》入《にゅう》

揖《い》斐《び》郡揖斐川町戸入

ダム建設予定地でキャンプする

移転年　1987（昭和62）年
戸数　72戸（昭和38）
ダム建設で移転【農山村】
標高　345m（湖底分校跡）

累計訪問数 67ヵ所　23

戸入は、木曽川水系揖斐川西谷上流域にあった農山村で、養老鉄道揖斐駅からホハレ峠まで38㎞（クルマで1時間20分）、手前の廃村 門入《かどにゅう》を経て14㎞（徒歩約4時間）。門入、戸入は徳山ダムの建設により陸の孤島となった。

揖斐郡徳山《とくやま》村は岐阜県美濃の北西部、揖斐川上流部にあった行政村で、村役場は徳山本郷にあった。1955（昭和30）年の人口は2247人。互助精神が強い山村文化をもつ八集落があり、公共施設がそろった徳山本郷には市街地が形成されたが、洪水時等の水量調節、水道用水・工業用水の確保を主目的とする徳山ダムの建設（平成19年竣工、貯水量は浜名湖をしのぐ規模で日本一）によって、自治体規模の廃村となった。

かつて戸入は、徳山本郷から町道で6㎞だったが、ダム建設で道は水没し、代替道は作られなかった。現在、戸入の船着場を使えるのは、ダム管理関係の船だけである。

キャンプで見上げた星空は美しかった

2006（平成18）年元旦、筆者は水没前にもう一度足を運びたかった徳山村へのフィールドワークの実施をmixi（SNSの草分け）の「廃村コミュ」に目標として挙げた。やがて「現地でキャンプをしたい」と思うようになり、仲間を集ったところ、時期は8月、メンバーは盟友 廃屋の猫さん（昭和37年生、東京都在住）など5名となった。

星空の下、5人でキャンプする（平成18年8月5日（土））

翌朝、吊り橋（下手の橋）まで散歩する（同8月6日（日））

1年後、水没した門入—戸入の道（平成19年10月6日（土））

探索初日、天気は快晴。岐阜羽島駅で岩田さん夫妻（愛知県在住）などと、本巣駅で廃屋の猫さんと合流。新しい国道417号から垣間見た徳山ダムの堤体は完成しており、ダム湖を横切る長い橋もつながっていた。手前の高台には「徳山会館」という公共の建物ができていた。この日は徳山本郷を皮切りに、櫨原《はぜわら》、塚、山手の順で、真夏の強い日差しの中、東谷の廃村をめぐった。

キャンプ設営地の戸入到着は夕方5時頃。事業用地管理棟の敷地に5人それぞれテントを張ると、七輪を囲んでのバーベキューを暗くならないうちに始めることができた。夜空にレモン月が輝き始めた頃にはあたりは涼しくなった。

翌日、早朝5時頃に目覚めると、外はすでに明るくなっていたが朝もやがかかっており、テントは夜露で濡れていた。まず、下手の橋（吊り橋）を1人で見に行くと、「渡れないだろう」と予想した橋のワイヤーには張りはあり、敷かれた鉄板も連なっていた。そのうちに廃屋の猫さんと合流したので、おそるおそるだが橋を渡ることができた。

続いて「工事の方が来られる前に」と、神社、道場《どうじょう》（住職が常駐しないお寺の施設）、

初訪時、川から見た下手の橋（平成12年5月2日（火））

分校跡を見つけるべく、１人で町道の山側を探索した。徳山小学校戸入分校は、へき地等級３級、児童数57名（昭和34）、１８７３（明治６）年開校、１９８５（昭和60）年休校、87年閉校。地形図で当たりをつけた分校跡は、工事で根こそぎ掘り起こされたらしく、何も見出せなかった。新しい工事用の車道を上がると、「戸入船着場」と書かれた看板があった。近くの車道の裏側には「神社跡かも」と思わせる石垣が残されていた。

翌２００７（平成19）年の秋、水没した戸入を岩田さん夫妻など４人で訪ねた。旧道は門入から６kmで水没していた。新道でたどり着いた船着場は、静寂に包まれていた。

戸入（徳山村）は、美濃の北西部の山間にあった。

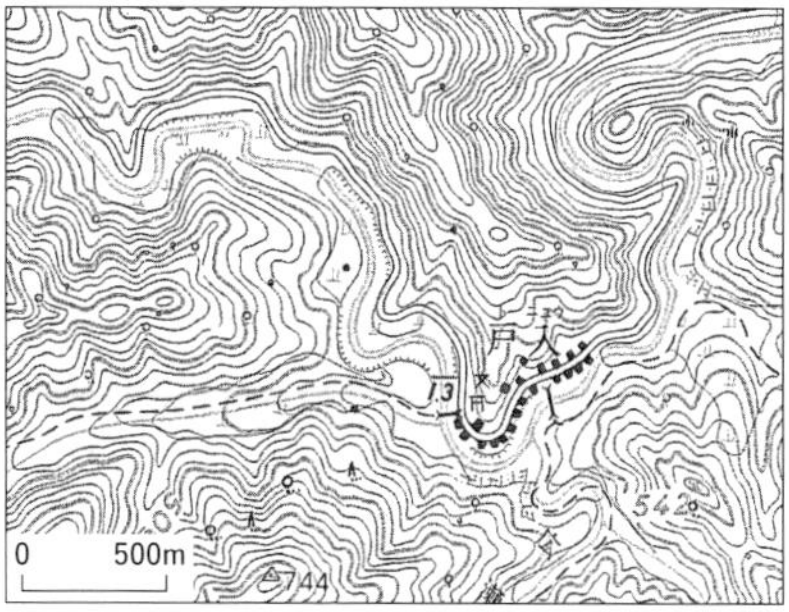

五万地形図 冠山（国土地理院、昭和33）
戸入には深い山ならではのまとまりがあった。

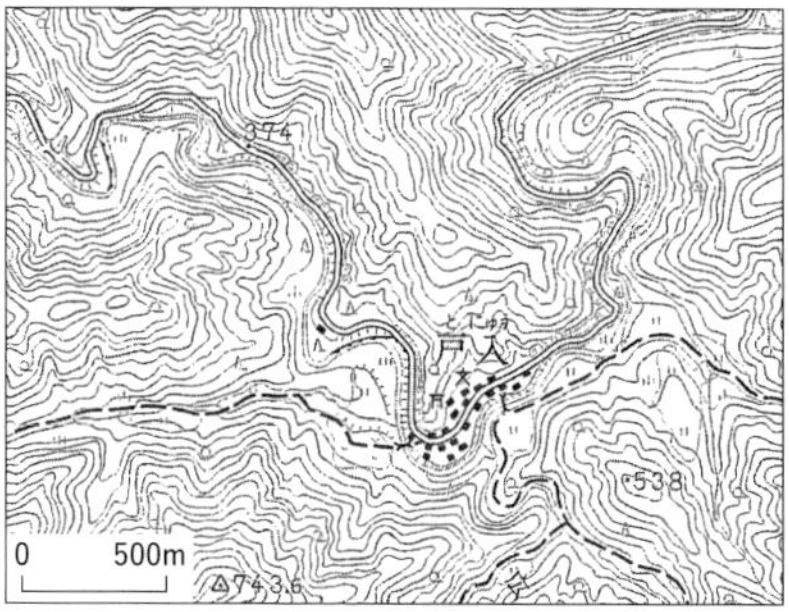

五万地形図 冠山（国土地理院、平成７）
徳山ダム湖の湖岸は、標高395mの線にある。

岐阜県

黒《くろ》津《づ》

カンジキ履きで訪ねた冬季無住集落

本巣《もとす》市根尾《ねお》黒津

移転年　1970（昭和45）年
戸数　23戸（昭和25）
冬季無住【農山村】
標高　347m（学校跡）

累計訪問数 21ヵ所　24

黒津は、木曽川水系根尾西谷川上流域にあった農山村で、樽見《たるみ》鉄道樽見駅から16㎞（クルマで40分）。手前の集落 能郷《のうごう》―黒津間の国道157号は冬季通行止になる上、無雪期も災害等で通行止のことが多い。

本巣郡根尾村は岐阜県美濃の北部、根尾川上流部にあった行政村で、村役場は樽見にあった。1955（昭和30）年の人口は5902人。根尾西谷川最上流部の黒津、大河原《おおかわら》、越波《おっぱ》（奥西谷三集落）に通年の暮らしがあった頃、積雪期は越せるだけの食料を溜め込んで、病気など、よほどのことがなければ里に下りることはなかったといわれる。高度経済成長期を迎え、炭焼き、薪《まき》作りなど山の仕事は廃れて、1970（昭和45）年12月、行政の指導があって冬は全員里に下りる生活が始まった。冬季無住集落は、積雪が厳しい地域の山深くの集落を中心に、全国にいくつかの例がある。

なじみがある集落だから単独で雪道を歩けた

筆者は根尾村の穏やかな山村風景が気に入ったことから、１９８７（昭和62）年９月以来、泊まりも含めて数回足を運んだ。そのうちに、黒津、越波といった冬季無住集落が積雪期にどんな様子になるのか、気になってきた。２０００（平成12）年５月には、地域の方から「カンジキを履いてなら行ける」とうかがっていた。

黒津への道・電柱が折れていた（平成13年2月24日（土））

行く手に黒津の家屋が見えてきた（同2月25日（日））

家屋の中には雪で崩れたと思われるものもあった

下調べで目標を黒津に絞り、2001（平成13）年2月下旬、樽見鉄道に乗って根尾村を訪ねた。前日は、宿泊地樽見の金物屋でカンジキ、長靴を買って、雪道歩きの予行演習をしたり、居酒屋で電力会社の方にカンジキの付け方を教えていただいたりした。この方からは「電気関係の仕事で若い者が入っているので、黒津まで行くのは問題ない。しかし、ゲートが閉まっているということは本来立入禁止なので、事故だけは起こすな」という言葉もいただいた。閉まったゲートには相応の重みがある。

探索当日、天気は晴ときどき曇または雪。行きの村営バスの能郷（黒津口）着は8時40分頃、帰りの能郷発は夕方4時40分頃なので、与えられた時間は8時間。黒津までの道程は、橋があったりシェルター（雪除け）があったり、日当たりの良いところでは雪が消えていたり、日影の山から落ちる雪の通り道では斜めにどっさり雪が積もっていたりで、強烈なメリハリがあった。ただ、一歩誤れば谷底へまっさかさまという険しい道もあって、所々で出会うお地蔵さんには、出会うたびに「無事に黒津にたどり着きますように」と手を合わせた。

黒津は、昭和期にも訪ねている（昭和63年11月5日（土））

岐阜県

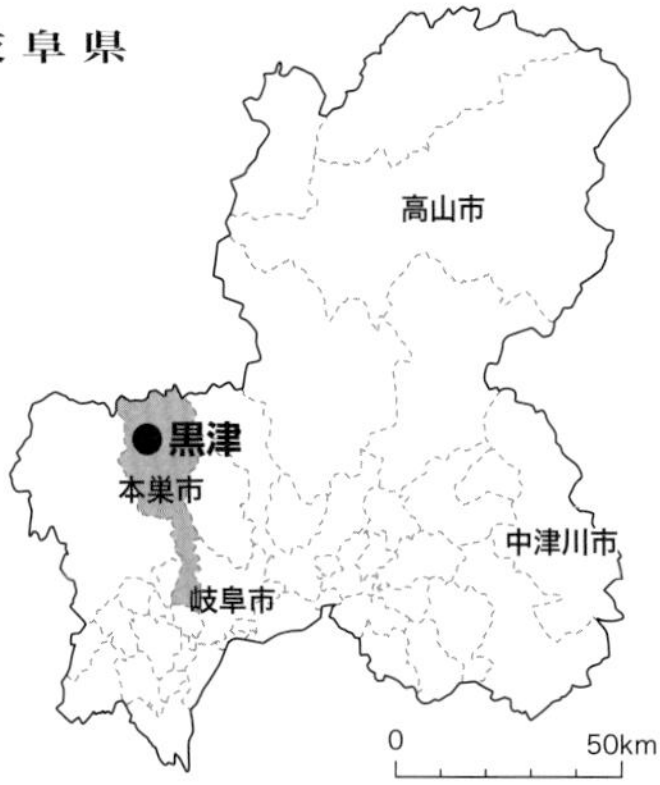

黒津は美濃の北部、冬季は雪に閉ざされる。

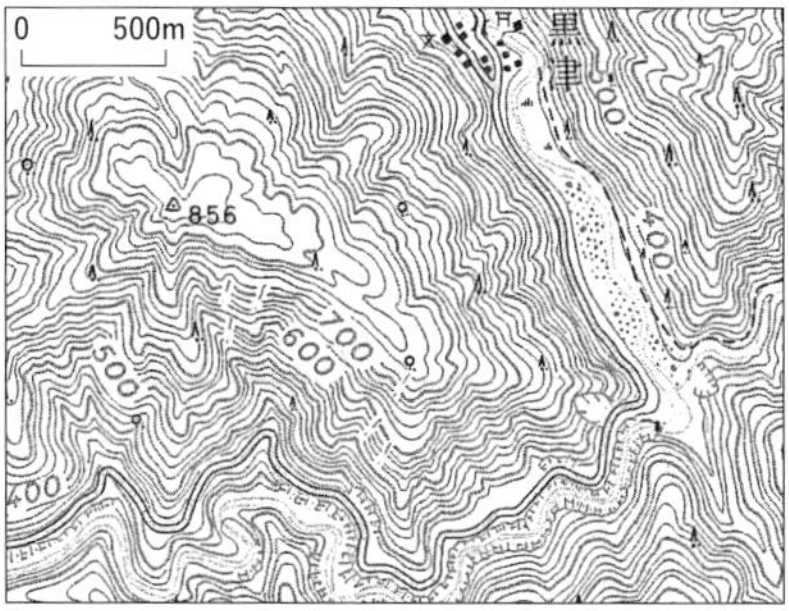

五万地形図 根尾（国土地理院、昭和43）
能郷－黒津間の渓谷（倉見渓谷）はとても険しい。

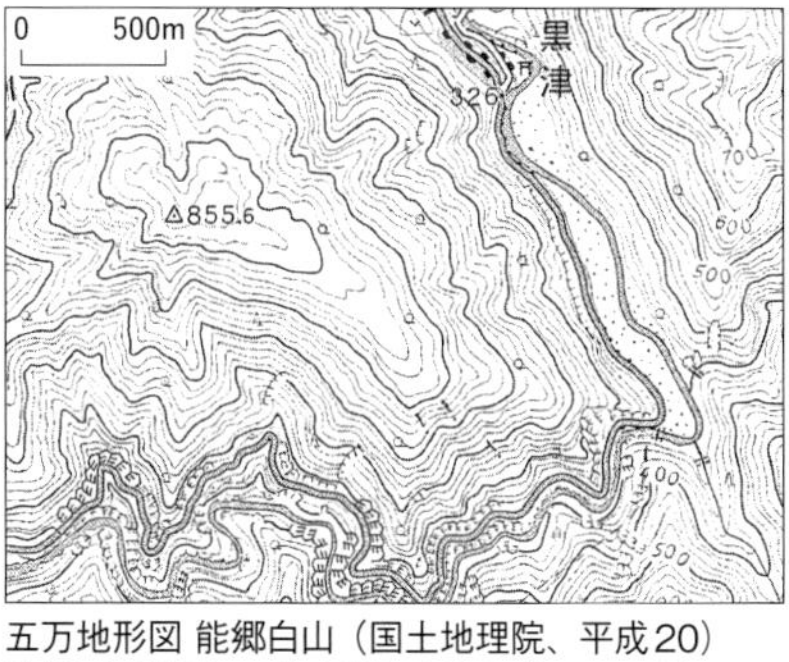

五万地形図 能郷白山（国土地理院、平成20）
能郷－黒津間は、無雪期でも通行止のことが多い。

黒津の家々が視界に入ったのは、出発から2時間45分後のこと。すれ違ったのは釣りの方1人だけだった。家屋の多くは古くからのもので、雪の深さはおよそ50㎝。黒津小学校（のち長嶺小学校黒津分校）は、へき地等級3級、児童数19名（昭和34）、１８８６（明治19）年開校、１９７１（昭和46）年休校、85年閉校。学校跡には新しい家屋があったが、誰かがいる気配はなかった。雪にかじられたように壊れた家屋や倒木の直撃を受けている家屋があって、積雪地の冬の厳しさを実感した。滞在の間、立ち止まると寒いので、細長くて起伏がある集落の中をずっと歩き回っていた。昼食も座らずに食べた。

三重県

峠《とうげ》

松阪市飯南《いいなん》町上仁柿字峠

旅籠町の探索で子ども達と出会う

移転年　1975（昭和50）年
戸数　26戸（昭和32）
個別移転【旅籠町】
標高　444m（分校跡）

累計訪問数　169ヵ所　25

峠は、伊勢湾に注ぐ雲出《くもず》川水系立川上流部の分水嶺（仁柿《にがき》峠）のそばにあった旅籠町で、JR伊勢奥津《おきつ》駅から9km（クルマで18分）、松阪駅から29km（同1時間）である。

峠を通る道（伊勢本《いせほん》街道、国道368号）は、大阪や奈良と伊勢神宮を最短距離で結んでいたことから、徒歩交通の時代、江戸時代後期から明治期頃にかけて、旅籠が軒を連ねて賑わっていた。神社や寺はなかった。しかし、大正期になって旅籠は茶店へと移行し、昭和期になって参宮急行線（現在の近鉄線）が宇治山田駅まで開通した頃には旅人の往来はなくなった。戦後、十数戸が山林業を生業として暮らしてきたが、高度経済成長期の過疎化の波により、1975（昭和50）年10月に廃村となった。

比較的町に近いことから、離村後も元住民の方がよく家々に通っている。近年は元住民の方が、「峠をサクラの名所にしよう」というプロジェクトを立ち上げている。

子供達の声は、集落跡の雰囲気を一変させた

２００４（平成16）年のお盆休みは、妻と一緒に浦和から大阪（岸和田と堺）まで、１週間のツーリングを行うことになった。復路は伊勢本街道を通って鳥羽へ出て、フェリーで渡った渥美半島の伊良湖《いらご》に泊まる計画を立てた。峠にはその道中に立ち寄った。

当日は、名阪国道を針インターで下りて、伊勢奥津駅で昼食休みをとって峠を目指した。

集落跡にかつての旅籠が建つ（平成16年8月16日（月））

分校跡には、タイル張りの水回りがあった

元住民の方、おばあさん、子ども達と出会って話をした

駅から9㎞の街道筋に廃村があるというのはちょっと不思議だが、奥津―上多気《かみたげ》（手前の集落）間には伊勢本街道最大の難所 飼坂《かいさか》峠があり、トンネルの開通でクルマが通れるようになったのは平成になってからのことという。ゆるやかな坂を登り、飯南町に入ってすぐの峠には、午後1時30分頃に到着した。

まず、集落の真ん中の三差路にある「史跡 峠」という案内板が目に入った。古びた家屋をバックにした傾いた案内板を見ると「なるほど廃村」と思えた。歩いて探索すると、10軒ほどの中には洗濯物など生活感がある家屋があり、他も多くは手入れの様子があった。事前に調べていなければ、峠は過疎集落と見て通り過ぎていたかもしれない。

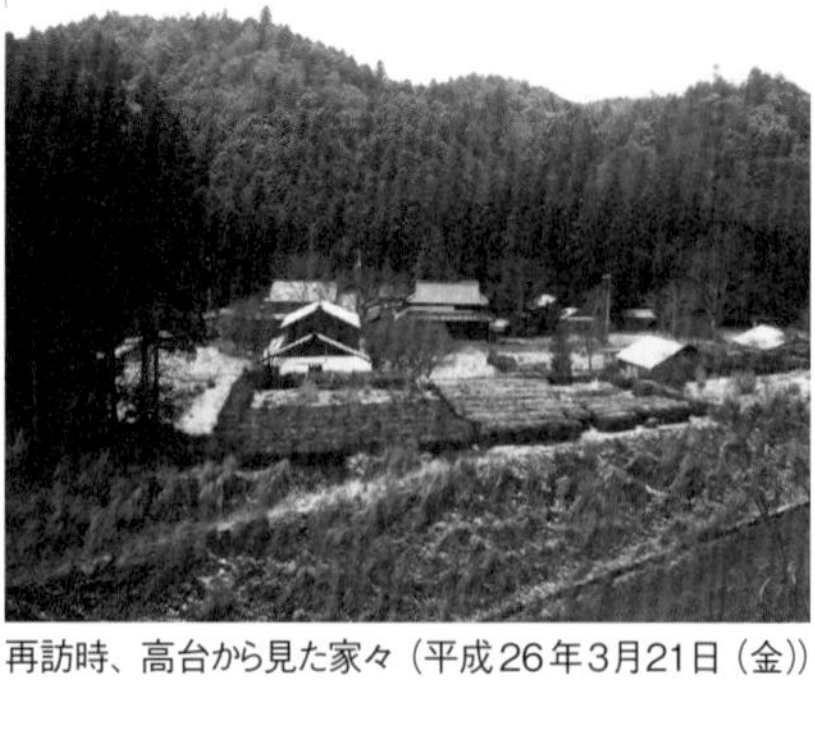
再訪時、高台から見た家々（平成26年3月21日（金））

仁柿小学校峠分校は、へき地等級1級、児童数16名（昭和34）、1948（昭和23）年開校、1971（昭和46）年閉校。出会った地域の方（村林さん）に挨拶して分校のことを尋ねたところ、「小学4年まで通った」と返事をいただいた。その場所は、バイパス工事でできた峠橋の横から細い階段を上がった高台だった。分校跡から集落を見下ろすと茶

峠は三重県中央部、伊勢本街道沿いにある。

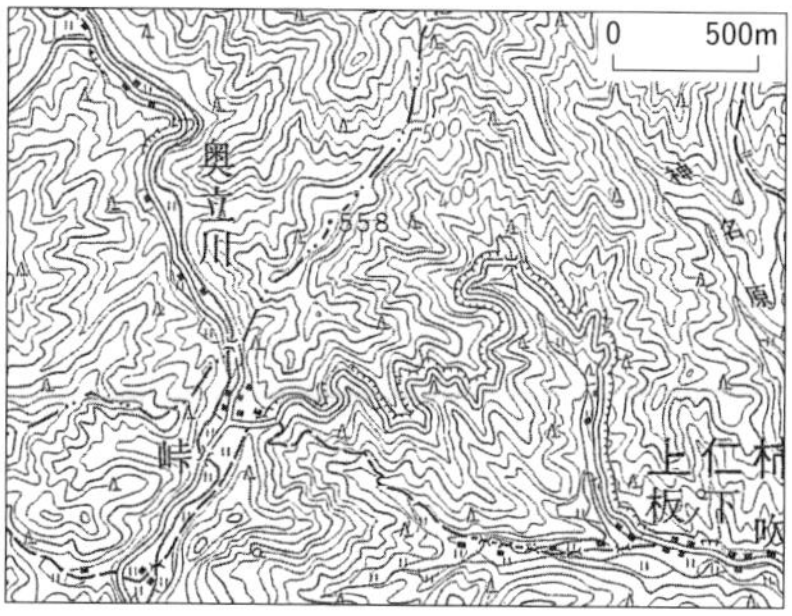

五万地形図 丹生（国土地理院、昭和45）
峠集落と仁柿峠はすぐそばといえる。

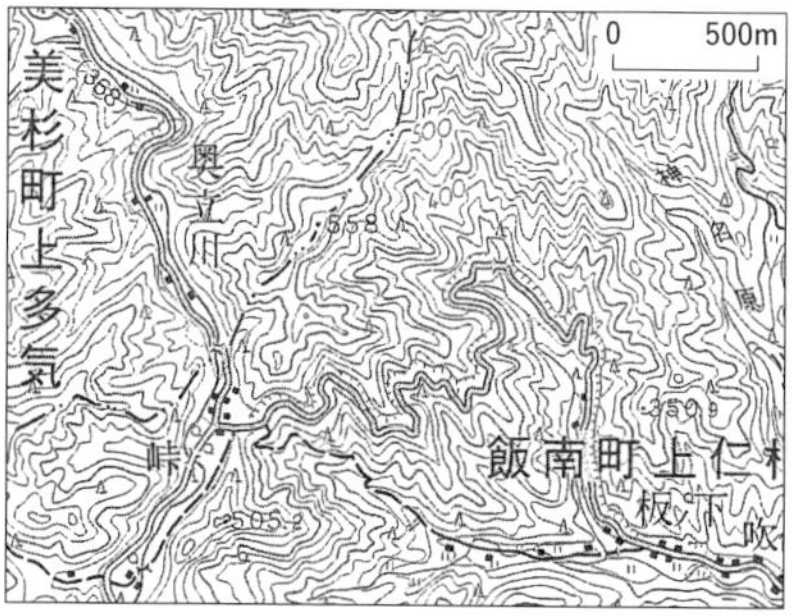

五万地形図 丹生（国土地理院、平成19）
峠への道は、飯南町側のほうが険しい。

畑があったので、後で調べたところ、飯南町は伊勢茶の名産地とわかった。「何も残っていないよ」という村林さんの話から、期待薄に茂みをかき分けて進むと、往時の水回りのタイルが水色と青色の2種類、草に埋もれながらも綺麗に残っていた。

分校跡から三差路に戻ると、村林さんのお子さん2人とおばあさんが来ていて、突然の旅人を笑顔で迎えてくれた。話をすると男の子（シューマくん）は小学1年生、女の子（リナさん）は来年小学校。子ども達の声は賑やかで、雰囲気を一転させる力を持っている。峠でいちばん印象に残ったのは、シューマくん、リナさんの明るい声だった。

凡例（その２）

※　凡例（その１）、10ページから続く。

⑨　廃村までの距離を数える出発地は、自家用車を使わない旅人が地域の代表と捉えやすい鉄道の駅を主とした。

⑩　本文の中には、集落を代表するものとして学校が度々登場する。筆者が「学校があった廃村」（高度過疎集落を含む）を「廃校廃村」と呼び（全国総数は1050ヵ所）、こだわっているのは、次の四つの理由による。
・廃校廃村にはある程度の規模があり、かつ独立性がある。
・学校は、その規模、開校年・閉校年、全国的な実数がはっきりしている。
・現地を訪ねて、地域の方とコミュニケーションをとるとき「学校跡を探して訪ねたのですが、どちらにあるのでしょうか」という明確な目的が会話に含まれると、滑らかなコミュニケーションが可能となる。
・筆者が強い魅力を感じた廃村の多くが廃校廃村だったという経験則。

⑪　学校のへき地等級は、「へき地教育振興法施行規則」により学校運営のために決められたものである。無級から５級までの六つに分けられ、５級が最も不便な地にあることを表す。

⑫　冬季分校は、積雪地においておおむね12月から翌年3月までだけ開校する分校で、先生が不便な地に赴いて授業をするという児童を主体としたシステムだった。

⑬　現況の記述は、筆者が足を運ぶことで得た情報をもとにしている。このため、見逃しがあることも考えられるが、その節はご容赦されたい。

⑭　本文の記述全般は、訪問時期現在のものである。このため、その後の変化があることも考えられるが、その節はご容赦されたい。

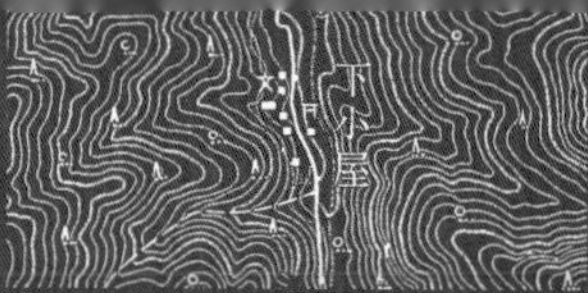

西日本の廃村旅

北陸（富山・石川・福井）
関西（滋賀・京都・和歌山・兵庫）
中国（鳥取・広島・山口）
四国（愛媛・高知）
九州（長崎・熊本・宮崎・鹿児島）
沖縄

●北陸

福井県越前の西谷《にしたに》村は、1987（昭和62）年9月、バイクで訪ねて以来なじみができている。富山、石川は、金沢までの北陸新幹線の開通（平成27年）前後からよく訪ねている。北陸の廃村密度（一定面積中の廃村数）は、11地方の中で最も高い。

足を運びたい未訪の廃村は、石川県金沢市、白山市（白山麓）に残っている。

●関西

滋賀民俗学会の菅沼晃次郎先生との縁と、訪ねたいと思う廃村が多くあったことから、2000（平成12）年以来、滋賀の廃村はなじみが深い。京都教育大学の坂口慶治先生の論文には、滋賀、京都の廃村が多く登場する。

足を運びたい未訪の廃村は、埼玉からも大阪からも便が悪い兵庫県但馬《たじま》（香美《かみ》町、豊岡市）に長く残った。

●中国

地方別でいうと、中国地方だけはバイクで廃村探索をすることができなかった。波が荒い日本海側にある離島には足を運びにくいが、たどり着けたときの喜びはひとしおだ。

足を運びたい未訪の廃村は、島根県益田市、広島県広島市、福山市、呉市に残っている。

●四国

四国には四度バイクで足を運び、うち二度は廃村探索とからめることができた。愛媛の石鎚山麓における廃村の集中度は、注目に値する。波が穏やかな瀬戸内海では、小さな漁船で離島に渡ることができた。

足を運びたい未訪の廃村は、愛媛県宇和島市、高知県六市町に残っている。

●九州

九州には二度バイクで足を運び、うち一度は廃村探索とからめている。その時は、五島・奈留《なる》島まで行くことができた。

2021（令和3）年春、累計訪問数1000ヵ所の旅では、熊本県五木村、阿蘇市などを訪ねた。足を運びたい未訪の廃村は、長崎県新上五島町、五島市、熊本県五市町、宮崎県五市町、鹿児島県三市町村に残っている。

●沖縄

『西表《いりおもて》炭坑概史』（三木健著）と『崎山節のふるさと』（川《か》平永美《びらえいび》述、安渓遊地《あんけいゆうじ》・貴子編）の縁で、1998（平成10）年以来、西表島はなじみ深い。

足を運びたい未訪の廃村は、渡嘉敷《とかしき》村（ケラマ諸島）、多良《たら》間《ま》村（宮古諸島）に残っている。

（以上、令和３年９月末現在）

廃村旅を節目で振り返る（その２）
500ヵ所目から1000ヵ所目は、8年で進んだ。

◎　600ヵ所目
日中戸《にっちゅうべ》（北海道せたな町、平成27年5月）

◎　700ヵ所目
田代《たしろ》（宮城県大崎市、平成28年5月）

◎　800ヵ所目
似峡《にさま》（北海道士別市、平成30年5月）

◎　900ヵ所目
宮田又《みやたまた》（秋田県大仙市、令和元年9月）

◎　1000ヵ所目
中道《なかみち》（熊本県五木村、令和3年5月）

富山県

高清水《こうしみず》

冬季分校の校舎が残る黒鉛鉱山集落跡

富山市山田高清水

移転年　1967（昭和42）年
戸数　5戸（昭和36）
個別移転【鉱山関連集落】
標高　695m（冬季分校跡）

累計訪問数 575ヵ所 26

高清水は、神通《じんづう》川水系山田川流域、山の中腹にあった鉱山関連集落で、JR越中八尾《やつお》駅から高清水菅沼《すがぬま》口まで21km（クルマで42分）、山道を3・5km（徒歩50分）。通じる車道はないが、歩道は高沼《たかぬま》口、脇谷《わきだに》口、菅沼口、居舟《いぶね》口の四つのルートがある。

富山県の廃村を語るにおいては『村の記憶』（山村調査グループ著）を欠かすことができない。『村の記憶』には、富山県内で昭和初期（戦前）から1990（平成2）年までに離村した75の集落について、村のあらまし、現況、離村年などが、元住民の声、当時の写真、古い地図とともに丹念にまとめられている。富山県過疎化対策協議会発行の資料「廃絶集落一覧表」を原典として、山歩きを趣味とする22名が分担執筆している。

2000（平成12）年秋、筆者は『村の記憶』を購入し、12月には富山駅近くで著者代表の橋本廣さんから話をうかがったが、富山の廃村には09年まで行くことがなかった。

高清水を通る道は、徒歩交通の頃は飛騨と寺内町井波《いなみ》を結ぶ主要路で、昭和初期、車道が整備された。１８８７（明治20）年、黒鉛《こくえん》鉱山が稼働を開始し、鉱石は井波に運ばれ、高岡の鋳物工場などで使われた。高沼との分水嶺には石灰鉱山もあった。その他、商品作物として和紙や繭があった。しかし高度経済成長期の１９６６（昭和41）年、黒鉛鉱山が閉山し、所得の機会が失われたことを契機に、翌67年11月末全戸離村した。

特徴がある直線道を歩く（平成26年11月7日（金））

冬季分校跡の校舎が残っていた

二階には、森林開発公団のポスターが貼られていた

三つ目の入口から何とか到達した

高清水には２０１４（平成26）年の秋、富山駅でクルマを借りて単独で出かけた。『村の記憶』に「高沼から車で20分で着く」とあったので、まず高沼を目指した。道の駅利賀《とが》で一服し、神社のそばを「高沼ルートの始まり」と捉えて歩き始めたが、道を覆う草は深く、10分ほどで撤収することとなった。

道の駅の手前、脇谷の湧き水のそば、鎖が施された県道の入口を「脇谷ルートの始まり」と捉えて、再び歩き始めたが、この道も歩き通せる雰囲気ではなく、10分ほどで撤収となった。

再び道の駅で一服し、三つ目の入口がある菅沼には、旧利賀村中心部を回ってUの字を描くような道程で向かった。「菅沼2 スノーシェッド」左手の分岐を「菅沼ルートの始まり」と捉えて、クルマを停めて歩き始めた。尾根に近い山道歩きは見晴らしが良く、熊鈴のリズムもあって気持ちが良い。歩き始めて40分ほどで、特徴がある直線道までたどり着き、路傍を見ると、黒鉛鉱山ゆかりと思われるコンクリ家屋の基礎が見当たった。

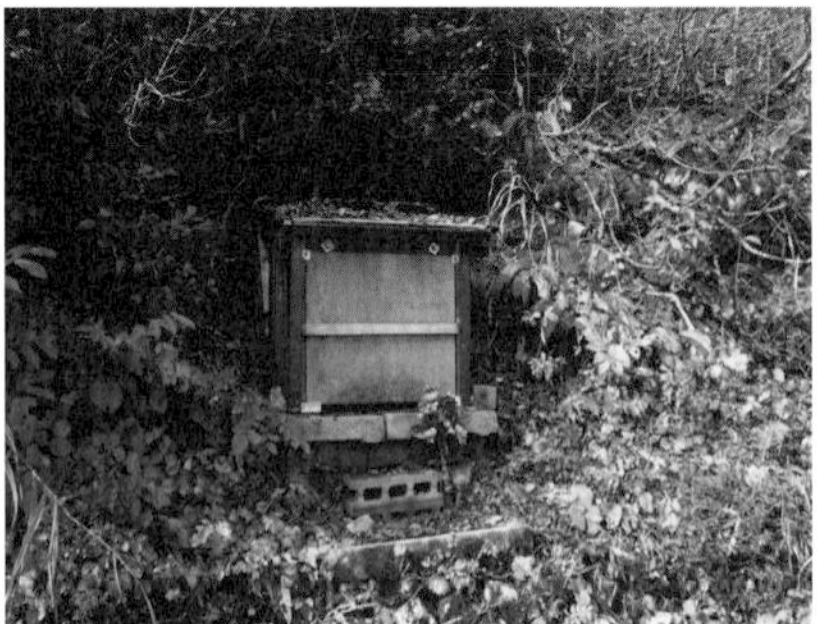
お地蔵さんには雪囲いが施されていた

鍋谷《なべたに》小学校高清水冬季分校は、へき地等級3級、児童数9名（昭和34）、1959（昭和34）年開校、67（昭和42）年閉校。木造二階建の冬季分校跡校舎は、直線道から道なりに右カーブを曲がってすぐ左手に建っていた。校舎は放棄されて久しい様子だったが、急な階段を上ってみると、二階には分校時代のものと思われる古い富山県の地図と、森林開発公団のポスターが貼られていた。校舎側面にも林野庁関係の看板が張られていたことから、放棄前は公団の作業所として使われていたことが想像された。分校跡と高沼ルート、居舟ルートの分岐の間には、雪囲いが施されたお地蔵さんが見られた。

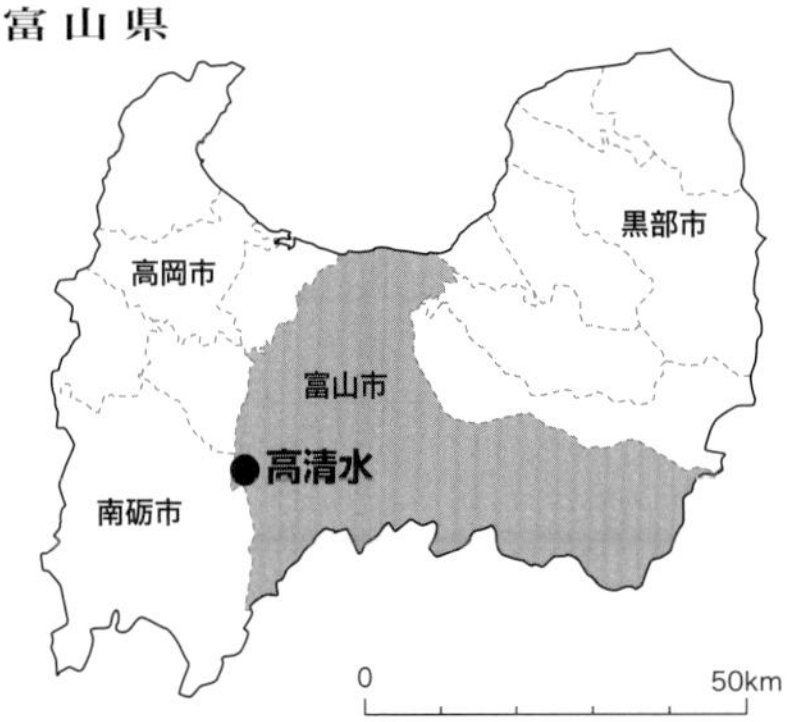

高清水は、神通川水系と庄川水系の境に近い。

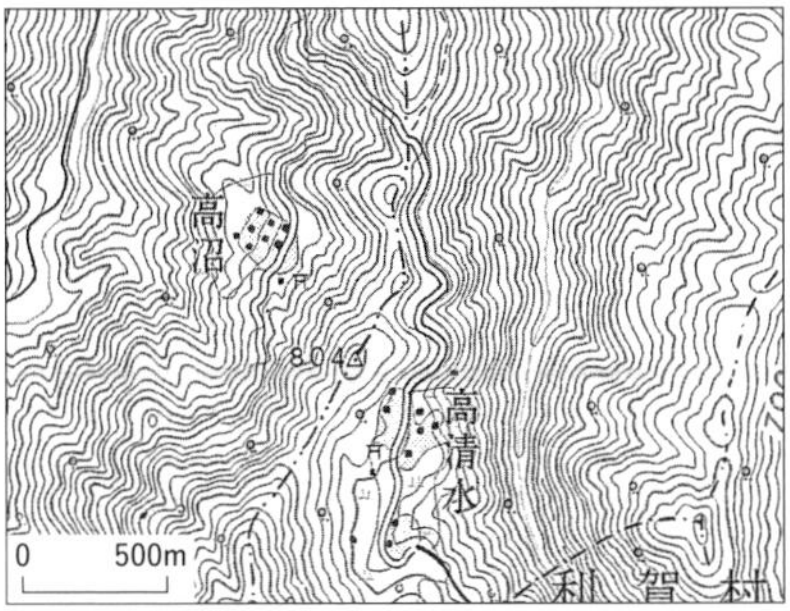

五万地形図 八尾（国土地理院、昭和43）
高清水と高沼は、隣り村のように見える。

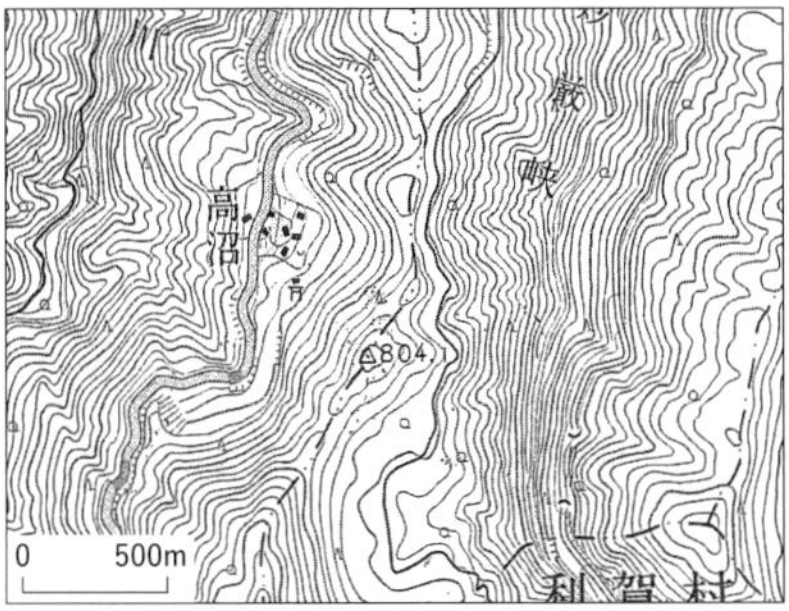

五万地形図 八尾（国土地理院、平成9）
高清水の地名と高沼への道は、失われている。

富山県

下小屋《しもごや》

真夏の山道でオロロと戦う

南砺《なんと》市刀利《とうり》字下小屋

移転年　1966（昭和41）年
戸数　8戸（昭和30）
個別移転【農山村】
標高　542m（分校跡）

累計訪問数 822ヵ所　27

下小屋は、富山湾に注ぐ小矢部《おやべ》川の本流上流域にあった農山村で、JR福光駅から下小屋口まで21km（クルマで42分）、山道となった県道を4km（徒歩1時間）である。

五箇山《ごかやま》・西赤尾からブナオ峠を越えて、下小屋、中河内《なかのこうち》、刀利《とうり》を経て横谷峠を越えて金沢へ向かう道は、江戸期に白川郷、五箇山から塩硝《えんしょう》（硝酸カリウム、黒色火薬の原料）を加賀藩へと運ぶのに用いられたため「塩硝街道」という異名がある。塩硝の製造、運搬は秘密裡に行われていたため、山深く、かつ距離が短いこのルートが使われた。孤立性の高い下小屋には中継地の役割があったと思われる。

『村の記憶』には、「1961（昭和36）年、下流の刀利がダム建設のため解村し、より孤立性が高まり、5年後の66年10月に下小屋も解村した」と記されている。移住地は福光と金沢が半々とある。

山深い廃村を訪ねるとき、注意すべき危険動物というと、クマを思い浮かべる方が多いのではないだろうか。確かにクマの存在感は大きいが、マムシやスズメバチのほうが出会う確率ははるかに高い。マダニやヒルに刺されるととても厄介だ。そして、夏の山歩きには、オロロ（イヨシロオビアブ）という吸血昆虫が立ちはだかる。小型のアブだが、数十匹群れると恐ろしい。なお、オロロは北陸での呼称で、全国でいろいろな呼び方がある。

下小屋入口、通行止の案内板（平成30年8月6日（月））

再訪でたどり着いた分校跡の碑（同年10月6日（土））

再訪時は林さん、学生（野村さん、亀山さん）とともに

分校跡の訪問は、2ヵ月後の秋に果たした

下小屋には2018（平成30）年の夏、富山駅でクルマを借りて単独で出かけた。前日に宿泊した利賀村長崎の民宿の女将さんは「オロロは夏の暑い1ヵ月の間にたくさん発生する」、「クルマに集まってくるのは、排気ガスに呼び寄せられるからなのかしら」と話された。

県道の通行止の標示板は、手前の廃村 中河内を過ぎてすぐ、鋭角で曲がる三差路にあった。外はすごい羽音がしており、オロロの攻撃を受けるのは明らかなのだが、覚悟を決めてクルマから降りた。

下小屋へ向かう山道のオロロは凶暴で、歩いている間にも攻撃してくる。足元を見ると、百匹単位の大群が飛んでいる。道沿いに並ぶお地蔵さんには、「無事たどり着けますように」と祈った。根気よく歩き続けると、道が土砂に埋まって途切れている箇所に出くわした。土砂を登り、河原に降りて先へと進むと広い河原が道と並行し、下小屋到着を確信できた。しかしオロロの執拗な攻撃はむしろ激しくなってきた。

太美山《ふとみやま》小学校下小屋分校はへき地等級5級、児童数5名（昭和34）、1916（大正5）

オロロは体長約14㎜、背中には白い帯がある

年開校、66（昭和41）年閉校。道沿いには傾いた「塩硝の道」の道標があったが、分校跡地の碑は見つからない。オロロの攻撃が堪えたこともあり、橋を渡った場所で引返しを決めた。クルマに戻ったときは、腕のあちこちがオロロに刺されて赤くなっていた。

後日、行程を検証すると、分校跡は橋の先３００ｍほどの場所だった。２ヵ月後、オロロがいなくなった秋、金沢大学の林直樹さんと学生２名とともに再び下小屋を訪ね、穏やかな気分でリベンジを果たした。道中学生が賑やかだったのは、「クマが出るのでは」という恐怖感を紛らわすためだった。

富山県

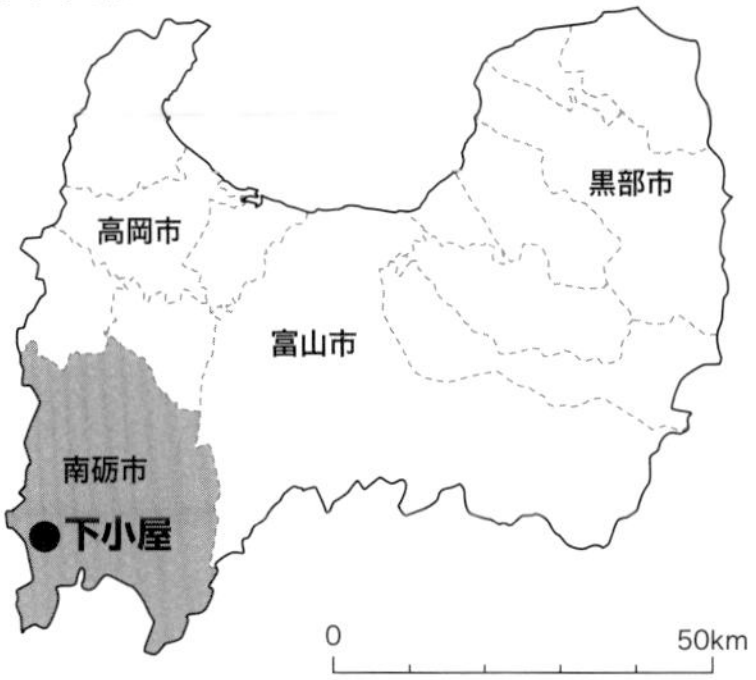

下小屋は、富山県最南西部、石川県境に近い。

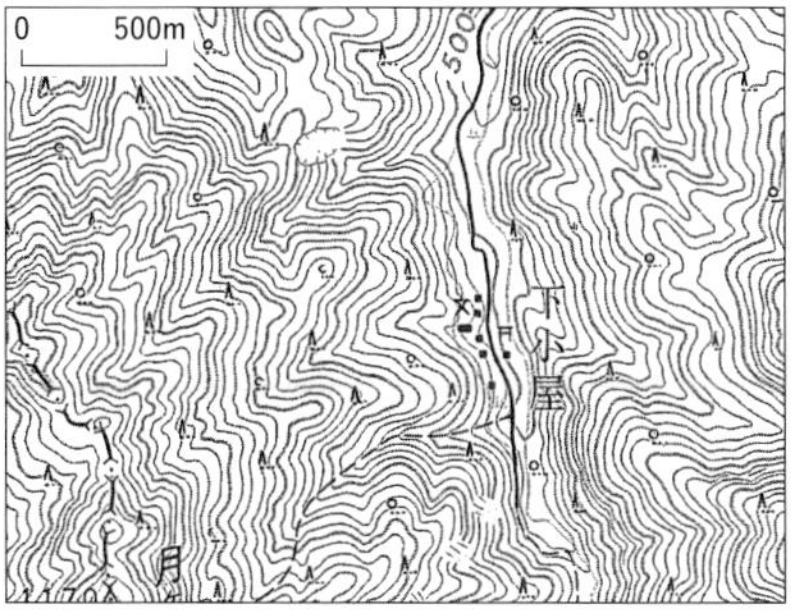

五万地形図 下梨（国土地理院、昭和43）
下小屋はへき地５級地、孤立性は高かった。

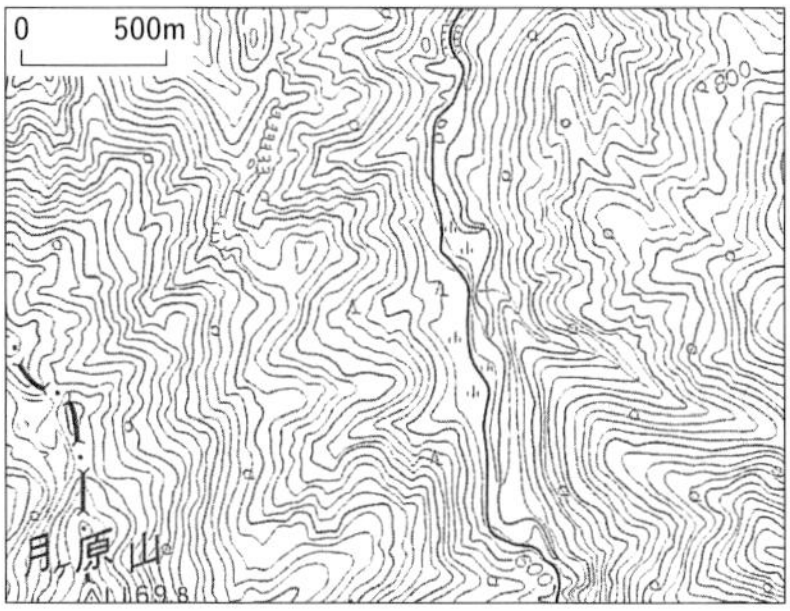

五万地形図 下梨（国土地理院、平成14）
よく見ると、集落跡地には荒地マークがある。

石川県

津《つ》江《え》

川を挟んで二つの碑が建つ村跡

小松市津江町

移転年　1962（昭和37）年
戸数　9戸（昭和28）
個別移転【農山村】
標高　346m（分校跡）

累計訪問数　719ヵ所　28

津江は、手取《てどり》川水系杖《つえ》川上流沿いにあった農山村で、JR小松駅から津江林道入口まで24㎞（クルマで48分）、林道を7㎞（同20分）、けもの道を400m（徒歩15分）である。

1956（昭和31）年、新丸《しんまる》村が小松市に合併するまでの集落名は杖だった。能美《のみ》郡新丸村は石川県加賀の南部、大日《だいにち》川上流部にあった行政村で、村役場は丸山《まるやま》にあった。1955（昭和30）年の人口は834人。木炭作りを生業《なりわい》とし、夏季には山に出作り集落（杖の出作り集落は杖出《つえで》）を作り、一家で焼畑を営むなど、独自色の強い生活形態があった。しかし、大日川ダムの建設により隣村の小原が1959（昭和34）年に離村。津江においても生活が成り立たなくなり、3年後の62年11月、離村式が行われた。

山深い旧新丸村の各集落では、道が閉ざされる積雪期には冬ごもりをしていたが、徐々に住民は下山し、70年頃には花立《はなたて》、新保《しんぼ》が、81年には丸山が冬季無住となった。

到達困難な廃村には、仲間と訪ねるのが肝要

津江には2017（平成29）年のGW、前年11月に金沢大学へ赴任した林直樹さんと2人で出かけた。小松駅西口ロータリーで林さんに合流。大日川沿いの県道をさかのぼって着いた津江に向かう林道入口には、通行止の表示があった。しかし、クルマが出入りできるスペースがあったので、「何かあったときは自己責任」と解釈して先へと進んだ。

杖分校跡で見かけたポンプ（平成29年4月30日（日））

橋が失われた流量豊富な川を長靴で渡る

川向う・神社跡に「津江の里」の碑が建つ

入口から７㎞ほど、林道の岩の転がり方が尋常でなくなってきたので、クルマを停めて歩き始める。津江集落跡は林道から標高差85ｍの谷を下った川沿いにある。「谷へ下る道を見つけることができるか」、少々心配だったが、上流方向から見るとはっきりとしていた。谷へと下る道はおおむねしっかりしていたが、谷の直前に崩落箇所があって肝を冷やした。

集落跡は川の合流点にあり、手前に日露戦争に係わる軍人記念碑、支流の向こうにポンプが残る分校跡があった。新丸小学校杖分校は、へき地等級４級、児童数８名（昭和34）、１８７８（明治11）年開校、１９６２（昭和37）年閉校。小原が離村してからは、中学校分校が開校していた。

橋脚が残る本流は雪融け時期のため水量が豊富で、長靴で渡るのはたいへんだった。林さんは渓流釣りを趣味としており、渡渉は慣れている感じがした。本流の向こうには「津江の里」と刻まれた離村記念碑がある神社跡があった。碑には「昭和59年6月建立 津江会」と記されていた。

川の手前・日露戦争に係わる軍人記念碑が建つ

　津江の最盛期戸数は70戸（大正期）、出作りが盛んな土地柄のせいか戸数の増減が激しく、離村時（昭和37年）は7戸だった。集落跡を旧住民が訪ねることは稀と思われるが、整った石垣があって、家屋跡の敷地もはっきりとわかった。

　林直樹さんは、大学での研究のため石川県の廃村（無居住化集落）52ヵ所をリストアップして、学生とともに調査を行っているが、リストの中で四つある「到達困難・至難」集落に津江は含まれる。林さんは単独で廃村に出かけることはなく、筆者も津江には単独では行きたくなかったので、２人で訪ねることができてよかった。

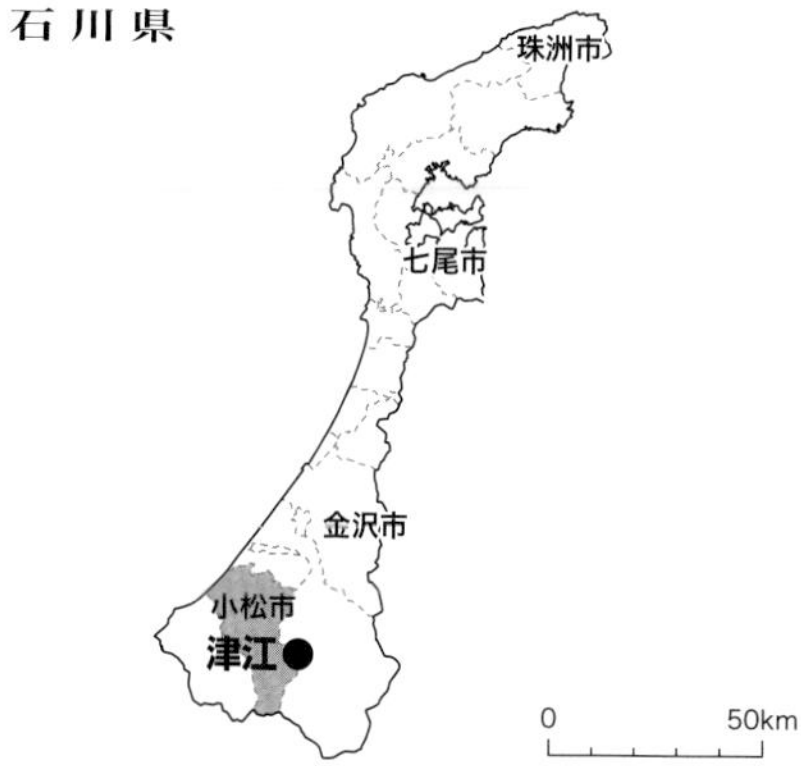

津江がある白山麓は、国内有数の豪雪地帯だ。

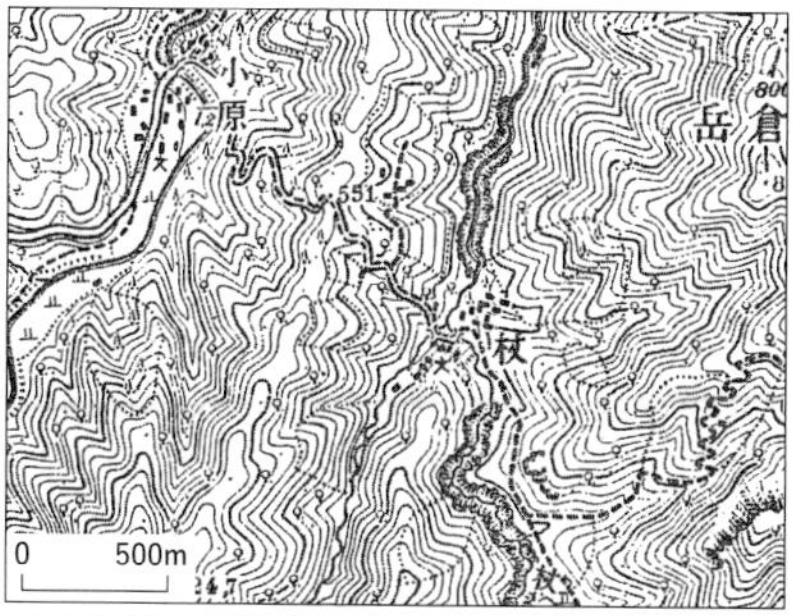

五万地形図 白峯（地理研究所、昭和27）
杖の出作り集落は、上流の山腹に点在していた。

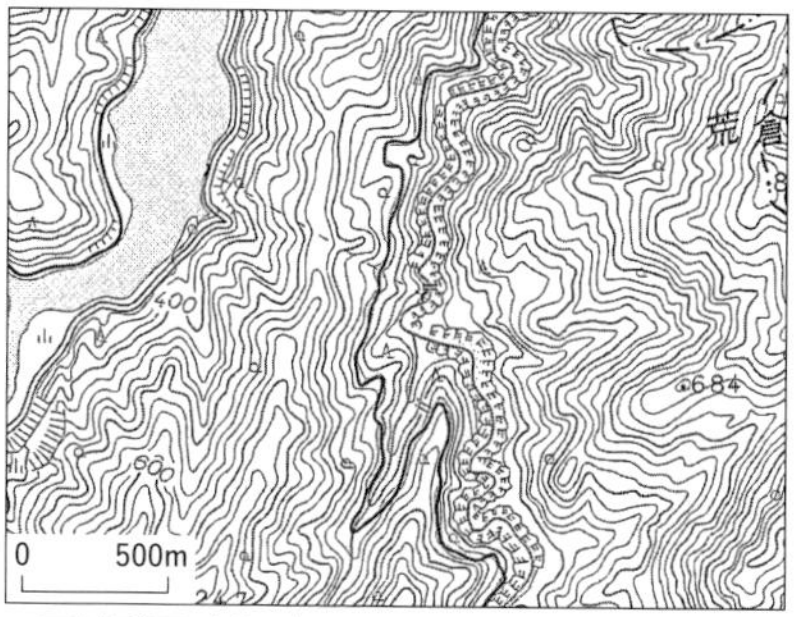

五万地形図 白峰（国土地理院、平成15）
小原も津江も、地形図からは消えて久しい。

福井県

熊《くま》河《のこ》

20年のうちに新調された離村記念碑

大野市熊河

移転年　1964（昭和39）年
戸数　32戸（昭和30）
個別移転【農山村】
標高　611m（分校跡）

累計訪問数 18ヵ所　**29**

熊河は、九頭竜《くずりゅう》川水系熊河川流域にあった農山村で、JR越前大野駅から31km（クルマで1時間）。真名川《まながわ》ダムよりも先の国道157号は冬季通行止、下流側から下若生子《わかご》、上若生子、下笹又《ささまた》、上笹又、中島《なかじま》、巣原《すわら》、熊河、温見《ぬくみ》と、七つもの廃村が連続する。

大野郡西谷村は福井県越前南東部、真名川上流部にあった行政村で、村役場は中島にあった。1955（昭和30）年の人口は3436人。炭焼き、薪《まき》作り、焼畑、紙漉《す》き、養蚕、黄連《おうれん》（薬草）作りなどを生業とする11の集落があった。しかし、56（昭和31）年、笹生《さそう》川ダム建設により小沢《おざわ》など四集落が離村、三八《さんぱち》豪雪を起因として64年に熊河が、65年に温見が離村、残る中島など五集落も、65（昭和40）年9月の奥越集中豪雨の被害を起因とする真名川ダム建設により、69年までに離村した。西谷村は自治体規模の廃村となったが、多くの集落跡に離村記念碑が建てられているので、今も村々を偲ぶことができる。

集落跡の風景から作業小屋と畑はなくなっていた

筆者と西谷村、熊河は、１９８７（昭和62）年９月、ツーリングの道中、偶然通ったことから出会った。和泉村箱ヶ瀬橋から伊勢峠、中島、温見峠経由、根尾村能郷《のうごう》までの93㎞、約３時間の道中、集落は一つもなく、後で調べて15もの廃村・冬季無住集落が連なっていたことを知ったときは大いに驚いた。熊河は、特徴のある地名が記憶に刻まれた。

熊河・高台の神社跡へ続く石段（平成12年5月3日（水））

神社跡には「ふるさとの碑」が建っていた

高台から集落跡を見下ろすと作業小屋と畑があった

三度目の西谷村、熊河には、2000（平成12）年5月、4泊5日の岐阜・福井ツーリングの道中に出かけた。根尾《ねお》村樽見《たるみ》から西谷村には、国道157号の能郷—黒津間で通行止ということで、上大須—越波《おっぱ》を経由して向かった。雪が残る温見峠を越えて、たどり着いた温見には作業小屋が6戸ほど建っており、煙が上がる作業小屋の前で焚き火をしていた元住民の方（福田さん）に挨拶をして、当たらせてもらいながら一服した。

続いて訪ねた熊河には2戸ほどの作業小屋があって、出会った元住民の方（坂東さん）に挨拶をして話をしたところ、坂東さんは「定年退職となって、熊河へ通うことが多くなった」と話された。巣原小学校熊河分校は、へき地等級3級、児童数27名（昭和34）、1904（明治37）年開校、64（昭和39）年閉校。坂東さんに教わったおかげで、高台にある神社跡、その手前の分校跡に足を運ぶことができた。神社跡には祠と並んで「ふるさとの碑」と刻まれた離村記念碑が建っており、高台から見下ろすと、寺や分校、家々が建っていた頃の集落の風景を想像することができた。

新調された「ふるさとの碑」(令和2年9月20日（日））

20年ぶり四度目の熊河には、２０２０（令和２）年９月、福井駅からのレンタカーで出かけた。大野市街から中島を通り、巣原に続いて訪ねた熊河では、集落跡を横切るように国道の改良工事が行われていた。分校跡を整えた平地には新しい「ふるさとの碑」が建っており、碑の裏面には「平成25年10月再興建立」と刻まれていた。神社跡の高台に上ったところ、祠と碑は失われていた。作業小屋や畑もなくなっていた。

昭和の頃から訪ねている根尾村や西谷村の風景は、筆者にとって特になつかしく感じられる。西谷村11集落のうち唯一未訪の小沢にも、いつか足を運んでみたい。

熊河は山深くだが、国道が通れたら意外と近い。

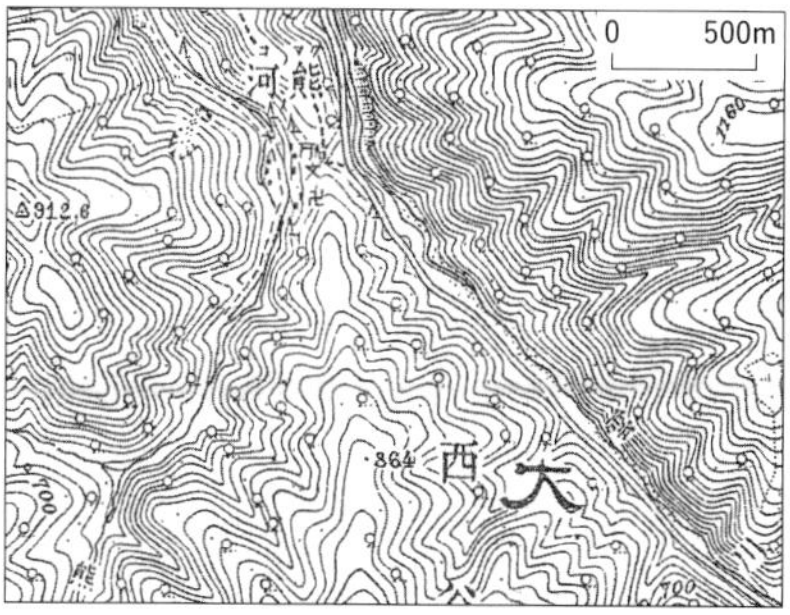

五万地形図 冠山（国土地理院、昭和33）
熊河よりも奥（南東方向）に、温見があった。

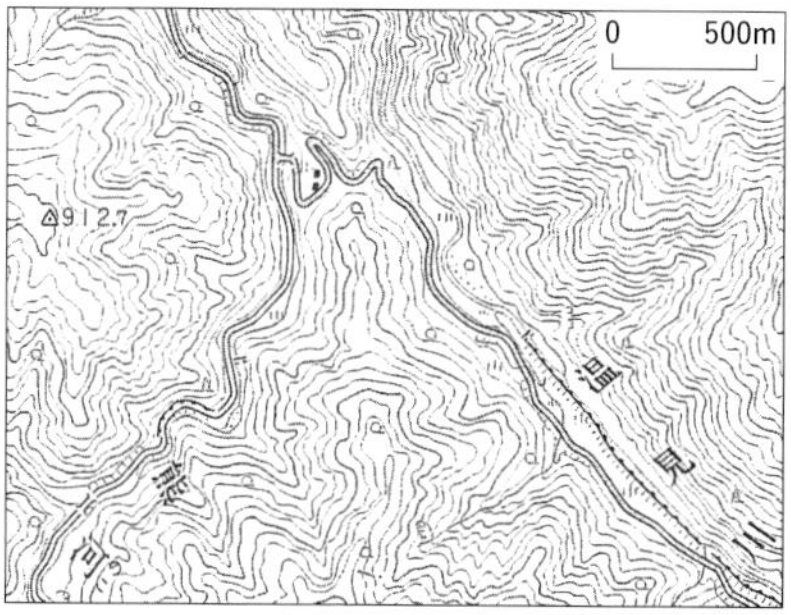

五万地形図 冠山（国土地理院、平成７）
熊河、温見は、川の名前として地形図に残る。

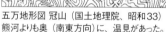

福井県

割《わり》谷《だに》

今立《いまだて》郡池田町割谷

移転年　1964（昭和39）年
戸数　13戸（昭和30）
個別移転【農山村】
標高　378m（分校跡）

累計訪問数 966ヵ所　30

記念碑に神社跡地の場所を教わる

割谷は、九頭竜川水系割谷川流域にあった農山村で、JR武生《たけふ》駅から29km（クルマで1時間）。福井駅からだと40km（同1時間25分）である。

今立郡池田町は福井県越前南部、足羽《あすわ》川上流部にある自治体で、1955（昭和30）年の人口は8251人。能楽と能面芸術という伝統文化がある。町域は雪深い山間にあるため、三八豪雪では大きな影響を受け、63年から64年頃に割谷、木谷《きだに》を含めて六集落が離村。足羽川ダム建設（令和8年竣工予定）によって2017（平成29）年に千代谷《ちよだに》（旧下池田村役場所在地）など五集落が離村したこともあり、町内の廃村は18ヵ所もある。

近隣の旧今庄《いまじょう》町芋ヶ平《いもがだいら》、高倉《こうくら》、大河内《おおこうち》などとともに、木地師《きじし》（木を挽き、ロクロを用いて椀や盆などの木工品を作る職人）ゆかりの集落と伝えられる。江戸・享保期の池田郷仲村村明細帳には、割谷からの上納物として木地師ゆかりの品が記されている。

パンクには最善の策を考えて対処した

初めての割谷は、２０２０（令和２）年の初秋、福井駅からのレンタカーで訪ねた。大野市街の宿を未明５時に出発し、一日がかりで18の廃村（うち16は初訪）をめぐる計画を立てた。しかし、６番目の廃村 蒲沢《がまさわ》から手前の廃村 籠掛《かごかけ》へ戻る途中の林道で、おそらく落ちた枝がクルマに絡んだことが原因で、前輪左側のタイヤがパンクした。

初訪時は中心部手前で引き返す（令和２年９月21日（月））

再訪時に見つけた「木谷割谷石碑」(同年11月23日（月））

面影が残った秋葉神社の跡地

時間は朝9時頃。スペアタイヤはなく、携帯が通じそうな最寄り集落 松ヶ谷《まつがたに》までの8㎞は、道中の千代谷などを探索しながら自走した。松ヶ谷で地域の方に事情を話したところ、タイヤをお借りすることができた。大野市街で新しいタイヤと交換し、お礼の品を添えてタイヤを返し、再び松ヶ谷を出発したのは午後2時20分。気を取り直して美《み》濃俣《のまた》（昭和36年離村）を訪ねたが、集中力は落ちていた。

最後の割谷では集落入口の小さな畑に煙が上がっているのを見て、そばの大湯橋でクルマを停めた。時間は午後4時。クルマの返却予定は5時30分だったので、ここで探索を終えることにした。それでも1日で13ヵ所（すべて初訪）の廃村をめぐることができた。この探索で「枝がクルマに絡んだら、すぐに取り除くこと」という教訓ができた。

その2ヵ月後、秋の終り、大阪・堺の実家から浦和までの帰路、武生駅でクルマを借りて、割谷を再訪した。大湯橋から数えて二ノ橋を渡ると、閉ざされた家屋と石垣が見当たった。そして三ノ橋を渡ってすぐの平地には、この年建立の「木谷割谷石碑」が建っていた。池田第一小学校割谷分校は、へき地等級3級、児童数19名（昭和34）、1909

スギ林に作業小屋が建つ（令和2年11月）

割谷は、福井駅、武生駅ともに遠くではない。

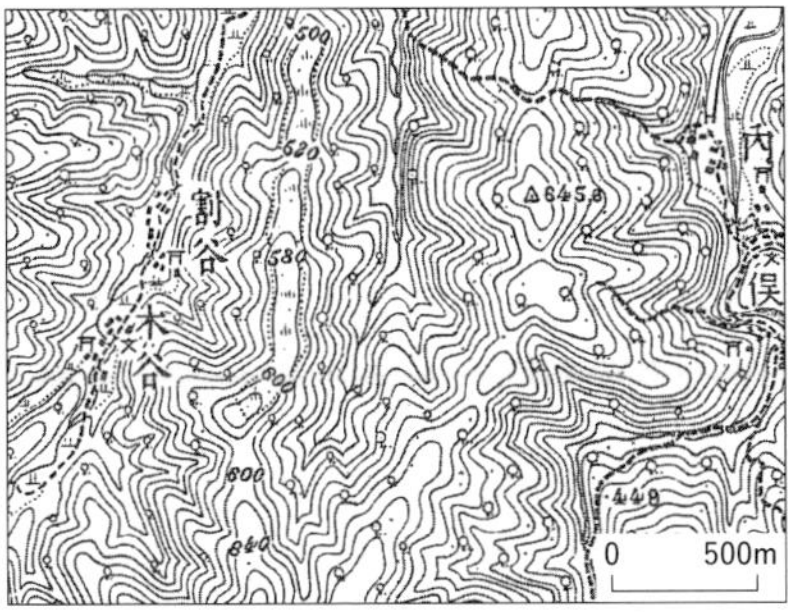

五万地形図 冠山（国土地理院、昭和33）
「文」マークは、割谷ではなく木谷に記されている。

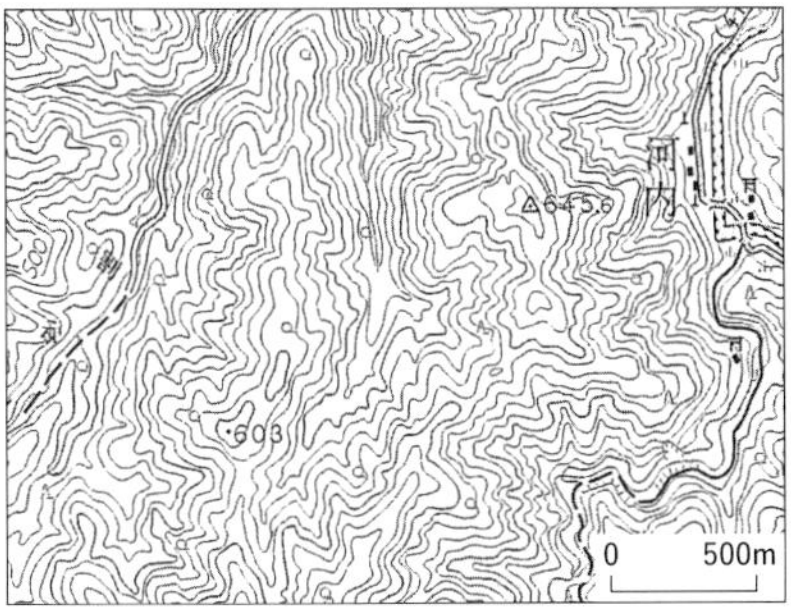

五万地形図 冠山（国土地理院、平成7）
割谷は、川の名前として地形図に残る。

（明治42）年開校、65（昭和40）年閉校。分校は一時期、木谷にあった。碑の表面の家屋の配置図には分校と神社も刻まれていて、分校は碑が建つ場所にあったことがわかった。

石碑に記された秋葉神社は、二ノ橋―三ノ橋間、車道から山道に入った場所にあった。家屋の様子をうかがいながら山道を進んでいくと、「行き止まりかも」と思った川の先にコンクリの階段が見つかった。橋がない川は谷になっていたが、慎重に回り込んで飛び石伝いに川を渡り、急だがしっかりした階段を上がると、整った境内が迎えてくれた。社殿や祠はなかったが、灯籠には修繕が施されており、「神社に来た」という感じがした。

滋賀県

北生見《きたおみ》

演習場の騒音対策で自主移転した村

高島市今津町北生見

移転年　1992（平成4）年
戸数　29戸（昭和32）
騒音対策で移転【農山村】
標高　160m（分校跡）

累計訪問数 696ヵ所　31

北生見は、淀川水系・琵琶湖に注ぐ石田川中流沿いにあった農山村で、JR近江今津駅から7㎞（クルマで15分、自転車で50分）。地内には国道303号が通る。

高島市今津町、新旭《しんあさひ》町、安曇川《あどがわ》町にまたがる洪積層《こうせきそう》の台地は、饗庭野《あいばの》と呼ばれる。水利が悪いため農地には向かないが、広大な台地は演習場に向いており、1886（明治19）年、陸軍省が大部分を買収した。以後、陸軍、米軍、自衛隊と使われ続けている。現在、今津には陸上自衛隊の駐屯地が、新旭には航空自衛隊の分屯基地がある。

北生見、南生見は若狭小浜《おばま》と近江今津を結ぶ九里半《くりはん》街道沿いにあり、古くは荷物の運搬や中継ぎを生業としていた。両集落には小浜産の魚を神社に奉納するシイラ祭りがあって、1990（令和2）年には県の無形民俗文化財に選ばれたが、2年後、演習場の騒音対策で自主的に集団移転した。その背景には、演習場の拡張を進める国の意向があった。

演習場用地の探索は、緊張感が伴った

北生見には2016（平成28）年の夏、大阪・堺から浦和までの帰路に出かけた。湖西《こせい》線の道中、廃村研究の第一人者・坂口慶治先生（昭和12年生）宅と、滋賀民俗学会・菅沼晃次郎先生（昭和2年生）宅に立ち寄った。菅沼先生に「これから北生見に行きます」と話してもピンと来ない様子だったのは、平成期にできた廃村のためかもしれない。

北生見分校跡と川沿いの石垣（平成28年8月2日（火））

緑電話を背にして利水記念碑、白山神社神饌田の碑が並ぶ

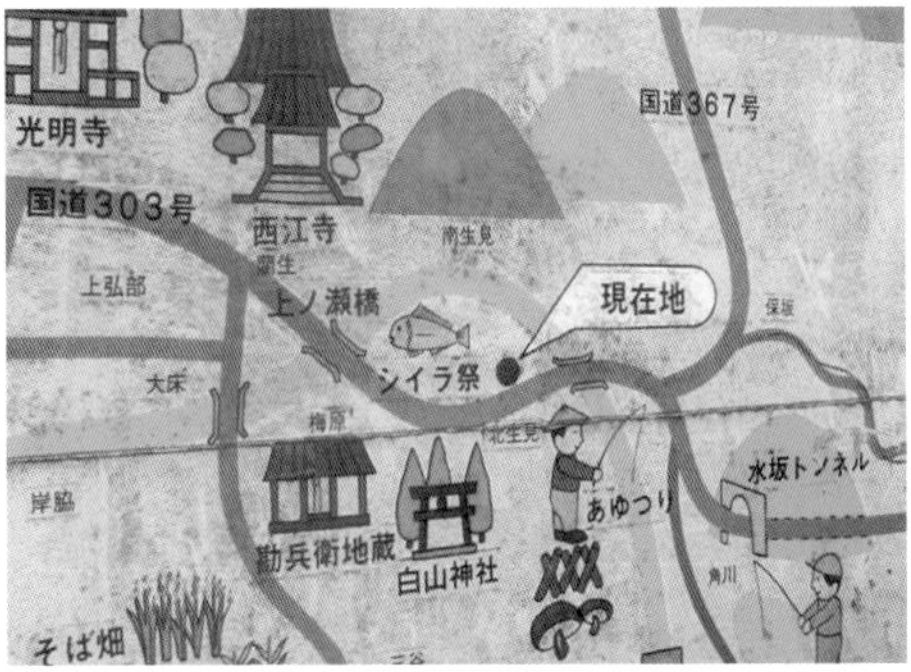

観光協会の看板に、北生見、シイラ祭、魚の絵が残る

近江今津駅着は午後2時17分。晴天の下、レンタサイクルで北生見を目指したが、不用意にも帽子を持ち合わせていなかった。コンビニでお茶を買って、飲みながら国道を走っていると「気温32℃」の表示があった。平野部にある手前の集落 藺生《ゆう》から山間部に入ったあたりで、思いついてペットボトルのお茶を頭からかぶるとなかなか爽快で、元気の源になった。

北生見に到着したのは午後3時20分。集落跡を通る国道は旧道になっており、各所にトラロープが張られていて「演習場につき立入禁止 今津駐屯地業務隊長」という看板が見られた。今津西小学校北生見分校は、へき地等級無級、児童数14名、1875（明治8）年開校、1961（昭和36）年閉校。地形図の「文」マークは石田川支流に架かる橋のそばにあり、住宅地図で確認すると分校跡には児童遊園が作られていた。橋が現存するので場所はすぐにわかったが、そこには土盛りがなされていて、往時の雰囲気を醸し出すのは川沿いの石垣だけだった。

集落跡の各所に「演習場につき立入禁止」の看板が建つ

分校跡から先へと進むと、現国道との交差点があって、そばには電話ボックスを背にして利水記念碑、白山神社神饌田《しんせんでん》の碑が並んでいた。碑はともに明治期のもので、「高島郡三谷《みたに》村」という昭和の大合併時までの自治体名が刻まれていた。そばに建つ今津町観光協会の看板には、北生見、シイラ祭の文字とともに魚の絵が描かれていた。

北生見の川向こうにある南生見は、全体が立入禁止区域にある。上流側の追分《おいわけ》（昭和49年離村）とは異なり、詰所や警備の方の姿はなかったので、「お邪魔させてください」と断って、橋を渡り集落跡まで足を運んだが、往時を彷彿させるものは「南生見橋」という橋の標板だけだった。緊張感が伴う演習場用地の探索は、正味45分で切り上げた。

北生見は、近江今津駅から自転車で行ける。

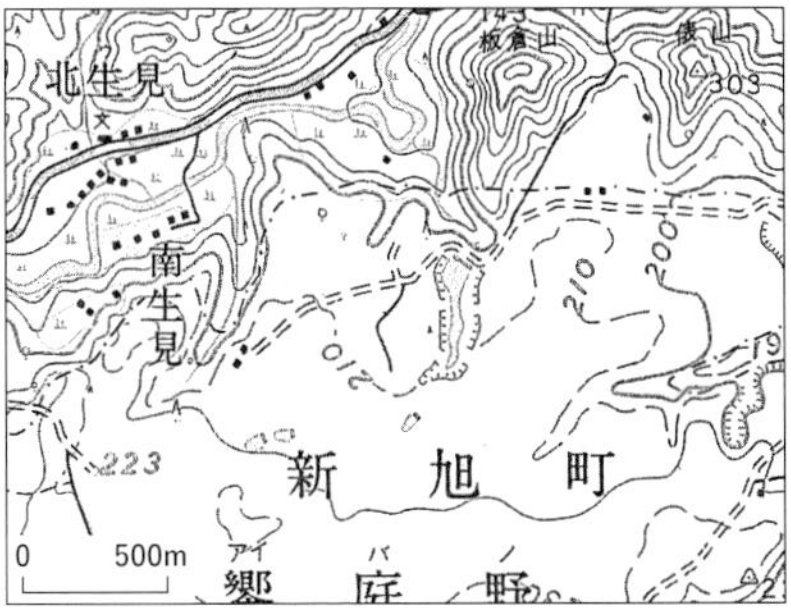

五万地形図 熊川（国土地理院、昭和42）
饗庭野の平坦な台地は、演習場に向いていた。

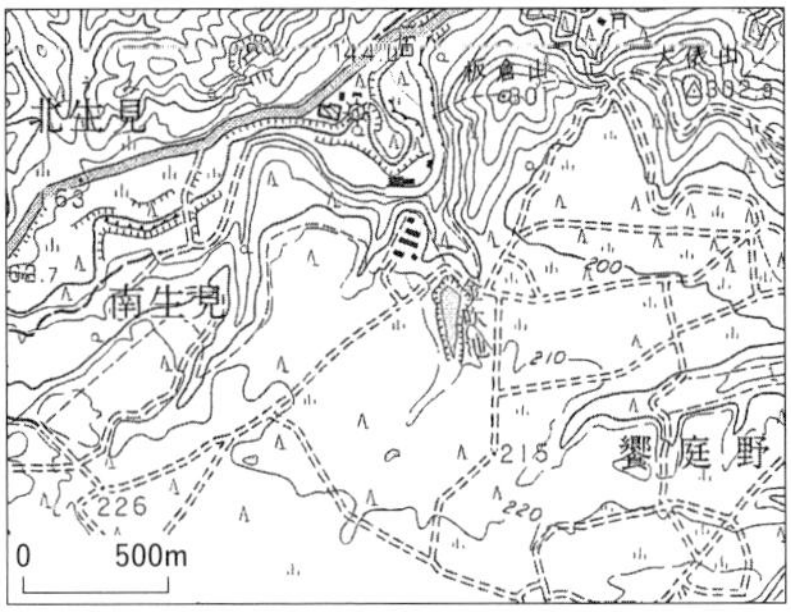

五万地形図 熊川（国土地理院、平成20）
饗庭野演習場が拡張している様子が読み取れる。

京都府

八《はっ》丁《ちょう》

古典的廃村へのトレッキング

京都市右京区
京北《けいほく》小塩《こしお》町八丁

移転年　1936（昭和11）年
戸数　6戸（大正14年）
個別移転【農山村】
標高　600m（分校跡）

累計訪問数
178ヵ所
32

八丁は、若狭湾に注ぐ由良川水系八丁川の上流域にあった農山村で、左京区の広河原《ひろかわら》菅原バス停からダンノ峠経由で5km（徒歩2時間30分）、右京区京北町の小塩バス停からソトバ峠経由で6km（同3時間）。「廃村八丁」は、関西の山好きの間でトレッキング（山歩き）コースとして知られている。

京都市最北部、どの集落からも遠い山中にポツンとあった林業を生業とする小集落八丁は、1934（昭和9）年の大雪で孤立したことを契機に、36年に全戸が離村した。

筆者が廃村八丁を知ったのは小学校高学年の頃、父の書棚にあった『日本の過疎地帯』（今井幸彦著）に載っていた記事からだった。記事には、萱葺き屋根の廃屋の写真や、ダンノ峠、四郎五郎峠、ソトバ（卒塔婆）峠といった癖がある名前の峠が登場し、何よりも「廃村」という文字面は子どもながら強く頭に刻み込まれた。

雪中行の撤退が、到達の喜びを強くした

早くからその存在を知っていながら、廃村に強い関心を持つようになってからも、不思議に八丁には足が向かなかった。そしていよいよ八丁を目指したのは、２００５（平成17）年1月のことだった。雪が積もる中、広河原菅原バス停からダンノ峠へと向かったが、積雪は股の近くまで来るほど深く、峠の手前で撤退せざるを得なくなった。

刑部谷の分岐・廃村の道標（平成17年4月17日（日））

八丁・三角小屋そばの高台で、昼食休みをとる

この日の八丁小屋に、人の気配はなかった

八丁へのリベンジは、4月中旬に実行した。広河原菅原バス停からダンノ峠へ向かうハイカーは、筆者を入れて4組7名。適度な合間を作りながら山道を歩きはじめると、道や物陰などには少し雪が残っていたが、斜面からは綺麗に消えていた。前回撤退した場所から峠まではかなりの距離と勾配があった、ダンノ峠には見晴らしと空の広がりがあり、「往時の八丁の村人も一服したんだろうなあ」と思いながら、ひと休みした。

四郎五郎峠越えと刑部谷《おさかべ》との分岐では、地味だが楽とされる四郎五郎峠越えを選んだ。峠からはやや急な坂を下り、八丁川に取りついてしまうと、後は川に沿った一本道なのだが、渡渉箇所が数多くあり、思ったよりも時間がかかった。

雪中トレッキングは撤退となる（平成17年1月10日（月））

八丁は、地図やレポートからの想像よりも広々としており、三角屋根の山小屋の横には土蔵の跡と八丁の歴史が書かれたプレート、往時の石臼があった。また、家跡の石垣の様子は、筆者が数多く訪ねた廃村と同じ佇まいだった。

昼食休みの後、土蔵跡から渡渉し、お地蔵さんに挨拶をして、少し進むと「八丁小屋」

と記された山小屋が建っていたが、人の気配はなかった。さらに下流側の道沿いには往時の苔むしたお墓があったが、神社を見つけることはできなかった。帰路は名前とは裏腹に見晴らしが良くて明るいソトバ峠を越えて、小塩バス停へと向かった。

往時の家屋、土蔵は失われ、神社、お地蔵さん、石垣、墓などが残るのみとなってからも「廃村八丁」はしっかりと生きづいている。全国各地に多数の廃村が発生したのは高度経済成長期後期（昭和40年代）。語り継がれなければ、その存在は風化されてしまう。八丁に行くことによって「ここに村があった」ことを明確にする意義が再認識できた。

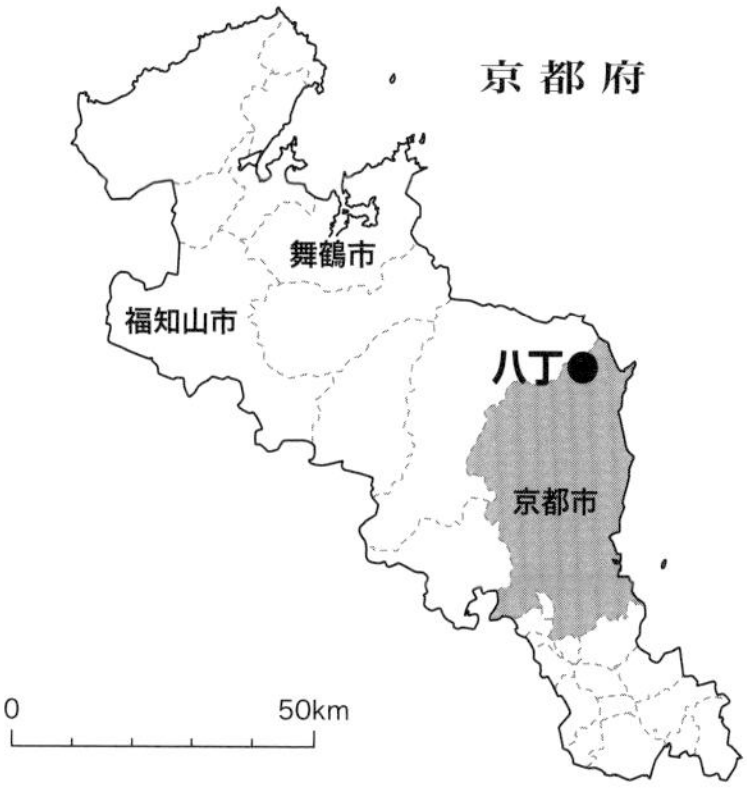

八丁は京都市内だが、由良川水系にある。

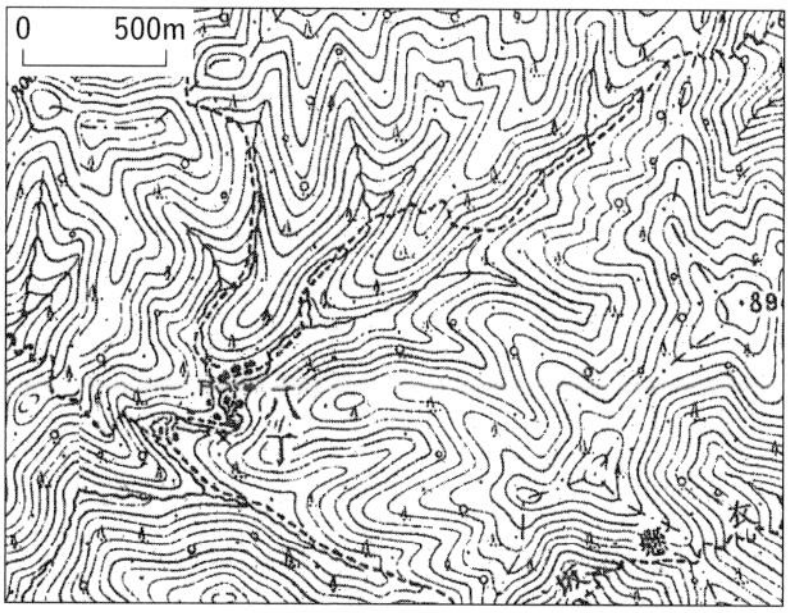

五万地形図 四ッ谷（昭和21、地理調査所）
分校は大正14年閉校だが、「文」マークがある。

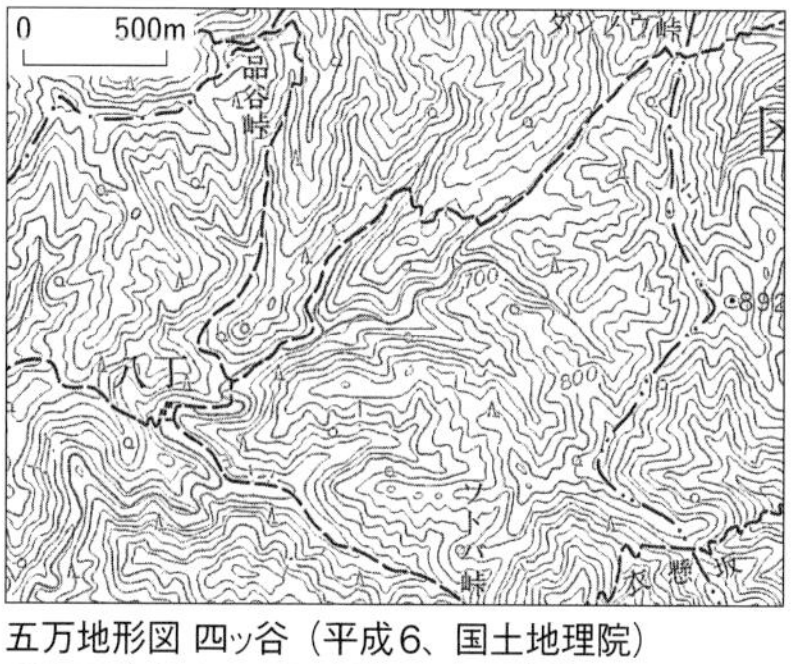

五万地形図 四ッ谷（平成6、国土地理院）
八丁の文字は、八丁小屋のほうに移動している。

和歌山県

今《いま》畑《はた》

竹藪に埋もれた山岳信仰ゆかりの村

紀の川市今畑

移転年　1988(昭和63)年頃
戸数　9戸(昭和32)
個別移転【農山村】
標高　414m(神社)

累計訪問数 142ヵ所　33

今畑は、大阪湾に注ぐ樫《かし》井《い》川水系二瀬《ふたせ》川上流域にあった農山村で、JR打《う》田《ち》駅から12km(600m手前までクルマで30分)、日根野駅から15km(同36分)である。

山岳信仰(葛《かつ》城《らぎ》修《しゅ》験《げん》)との係わりが強く、白《しら》髭《ひげ》党(南北朝時代の武士集団)の拠点で、古文書が多く残されていることがわかった。葛城二十八宿は、和歌山市友ヶ島(紀淡海峡の離島)から柏《かし》原《わら》市亀ノ瀬までの和泉・葛城山脈の中にあり、今畑多聞寺と白髭明《みょう》神社は第五経塚《きょうづか》(打田町倉谷山)と第六経塚(粉《こ》河《かわ》町松峠、志野峠)の間の行《ぎょう》場《ば》とのこと。ちなみに経塚とは、修験道の開祖が「法華三部経」を埋納した地のことをいうらしい。

旅には、各種の資料をそろえてスケジュールを決めて臨むスタイルと、とにかく足を運んで後でいろいろ調べるというスタイルがある。今畑に山岳信仰ゆかりの歴史があることは、訪ねた後で調べることでわかった。

愛媛の代わりに和歌山へ出かける

2003（平成15）年の夏、独身になって2年目の筆者は愛媛県石鎚山近辺の廃村へ、大阪から瀬戸内航路のフェリーにオフロードバイクを載せて出かけ、現地で2～3泊する予定を立てていた。資料を揃えて宿の予約も済ませたのだが、体調がすぐれないこと、天気予報も思わしくないことから、愛媛行きは渋々キャンセルすることになった。

今畑・汗にまみれて探索する（平成15年8月19日（土））

竹藪に埋もれて廃屋が建つ

白鬚明神社・多聞寺にも竹が侵入していた

初訪時の今畑は、堺の実家に帰って体調が持ち直したことから、急きょ目指すことになった。堺からの距離は40㎞ちょっと。持って行ったのは、実家にあった古い和歌山県の分県地図の写しのみだった。

バイクに乗って堺から泉佐野まで国道26号を走り、府道に入って犬鳴渓谷を通り、府県境を越えたのは午後2時20分。県道から離れてたどり着いた手前の集落 中畑は、田舎の空気に包まれていた。道は中畑を過ぎるとさらにか細くなり、やがて「この先自動車は通れません」との案内板が出てきたので、その先は歩くことになった。

鋭角な三差路を右に折れて、急な坂を上っていくと暑さと湿気のため、まとわりつくように汗が吹き出てきた。廃車が残る車庫跡を過ぎてしばらくすると、うっそうと茂った草木に道は途切れ、その隙間に1軒の廃屋が見えてきた。見つけた廃屋は全部で3軒、他に倒壊した家屋の跡や石垣に囲まれた屋敷跡があった。空は晴れているのに草木や竹藪に埋もれた集落跡は暗っぽく、荒れた感じがする。部屋の中まで竹が生えた廃屋もあり、無住化してからの年月の経過が感じられた。

再訪時、白髭明神社と多聞寺（令和３年４月10日（土））

集落跡入口の三差路を右へと進んだところにある白髭明神社と多聞寺には、竹の侵入を許しながらも手入れがなされた感があった。お地蔵さんを横に添え、大木を背にした祠には「修行葛城二十八宿」と書かれた真新しい札が奉られていた。

２０２１（令和３）年春、18年ぶりの再訪時もクルマではなくバイクを借りて出かけた。見覚えのある廃屋は何とか持ちこたえていたが、なぜか竹の勢いは衰えていた。多聞寺のお堂は新調されており、神社とともに手入れされた感が強くなっていた。通じる道の途中、集落跡とともに、地籍調査のピンクリボンが目立っていた。

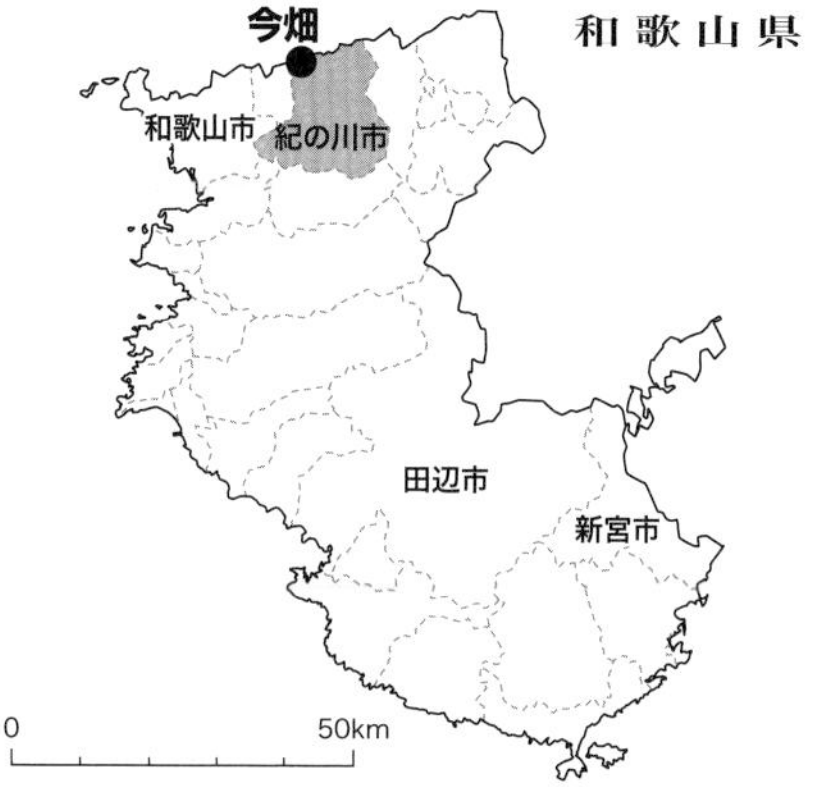

今畑は大阪府との境のそば、和泉山脈山中にある。

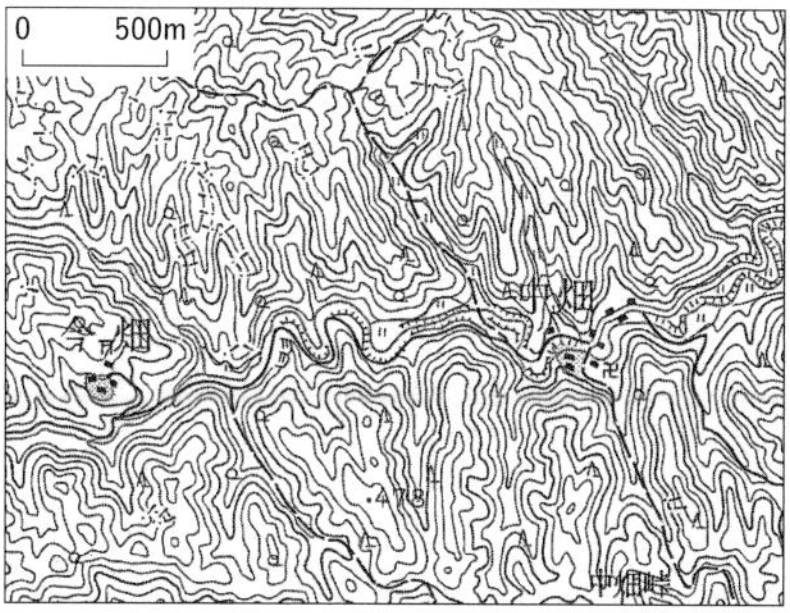

五万地形図 粉河（国土地理院、昭和44）
二瀬川は、和歌山ではなく大阪へと流れている。

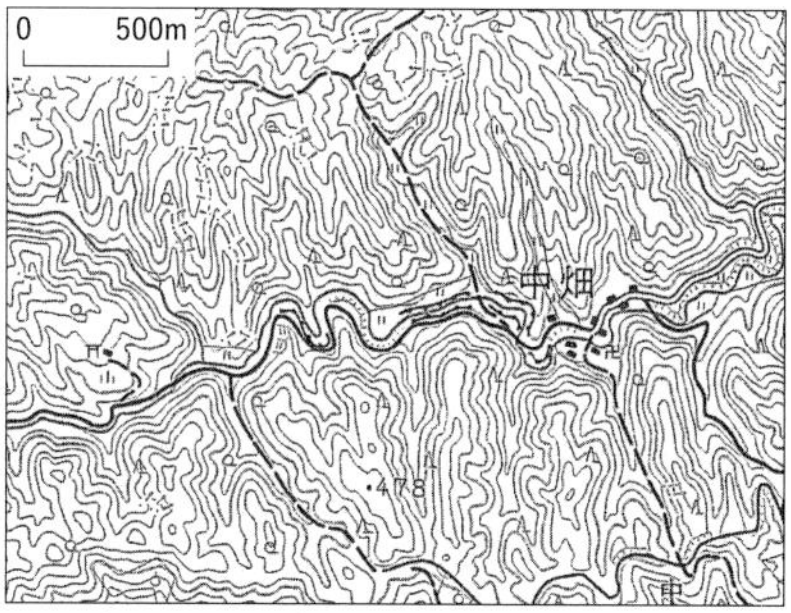

五万地形図 粉河（国土地理院、平成９）
平成10年、住基台帳で今畑は人口ゼロになった。

和歌山県

大瀬《おおせ》

盟友と訪ねた木造校舎が残る村跡

西牟婁郡《にしむろ》白浜町大瀬

移転年　2008（平成20）年頃
戸数　14戸（昭和33）
個別移転【農山村】
標高　167m（学校跡）

累計訪問数　346ヵ所　34

大瀬は、太平洋に注ぐ日置《ひき》川水系将軍《しょうぐん》川上流域にあった農山村で、JR白浜駅から30km（クルマで1時間）、紀伊田辺駅からだと32km（同1時間5分）。和歌山県南部（南紀）は比較的暖かいが山は深く、小さな規模の廃村が多く生じている。

南紀・田辺市には「村影弥太郎の集落紀行」Webの村影弥太郎さん（昭和53年生）が住んでいる。Webは2009（平成21）年4月開設。全国各地の廃村の記録が、都道府県別に収められている。大瀬は初めて村影さんと会ったとき、一緒に訪ねた廃村として記憶に刻まれている。

世代や探索のスタイルは違うが、全国の廃村をめぐり、記録をまとめている同好の士がいて、やり取りができるのはとてもありがたいことだ。Webが取り上げている廃村の総数は3913、うち村影さんは3517ヵ所を訪ねている（令和3年9月現在）。

戦前落成の校舎が、しっかり残っていた

2010（平成22）年2月、筆者は7年ぶりに和歌山の廃村を訪ねる計画を立てた。紀勢線の特急「くろしお」が紀伊田辺駅に到着し、村影さんと落ち合ったのは午前10時。村影さんの軽トラに乗って話を始めると、田辺市兵生《ひょうぜい》（昭和49年離村）までの1時間はあっという間に過ぎた。兵生では、前回たどり着けなかった分校跡を案内していただいた。

大瀬小学校跡入口の標板（平成22年2月13日（土））

小学校跡校舎をバックに、筆者と村影弥太郎さん

教室の床は朽ち始めていた

昼食休みのとき、話をうかがうと、村影さんの廃村探索開始は、神奈川県相模原市在住時の２００４（平成16）年秋、初めて訪ねた廃村は東京都奥多摩町の倉沢とのこと。その後の5年弱で全国６００ヵ所を超える廃村を訪ねて、記録をまとめているというのは、驚くべきパワーだ。ちなみに同時期、廃村探索足掛け30年目の筆者が訪ねた廃村は３４４ヵ所だった。

午後は、日置川沿いの狭くて曲がりくねった県道を下り、市鹿野《いちかの》で枝道に入って大瀬へと向かった。大瀬地内の下平《しもだいら》に到着したのは午後2時40分頃。「大瀬小学校跡」「災害時避難場所　大瀬僻地集会所」という案内板が見当たった。クルマを停めて、暗いスギ林の中の狭い道を下ると、左手には廃屋が見え、右手には講堂と思われる平屋建の学校施設と「創立九十周年記念碑」（校歌入り）と「大瀬小学校跡」の石碑が建っていた。

大瀬小学校は、へき地等級3級、児童数54名（昭和34）、１８７８（明治11）年開校、１９７０（昭和45）年閉校。講堂の裏手に回ると、しっかりした木造平屋建の校舎（昭和11年新築落成）が残っていた。学校跡では、オルガンやレコードプレイヤー、熱で曲がっ

垣内（大瀬の中心）に、人の気配はなかった

たレコード、溝が一本掘られているだけの便所（個室仕様）が印象に残った。

下平に続いて垣内《かいと》を訪ねたところ、クルマと2戸の家屋があったが、人の姿は見当たらなかった。探索をしているうちに、高台の薬師堂までたどり着いた。少し先の竹垣内《たけがいと》まで足を運ぶと、畑を耕すおばあさんと出会った。おばあさんは「大瀬、竹垣内とも、通いで山仕事、農作業をする人はいるが、常住する人はいない」と話された。

以来、村影さんとは北海道、岩手、山形、三重、奈良、和歌山、宮崎の廃村探索でご一緒している。また、単独では行きづらい廃村などを、一緒に探索したい。

大瀬は和歌山県南部、紀伊山地の中にある。

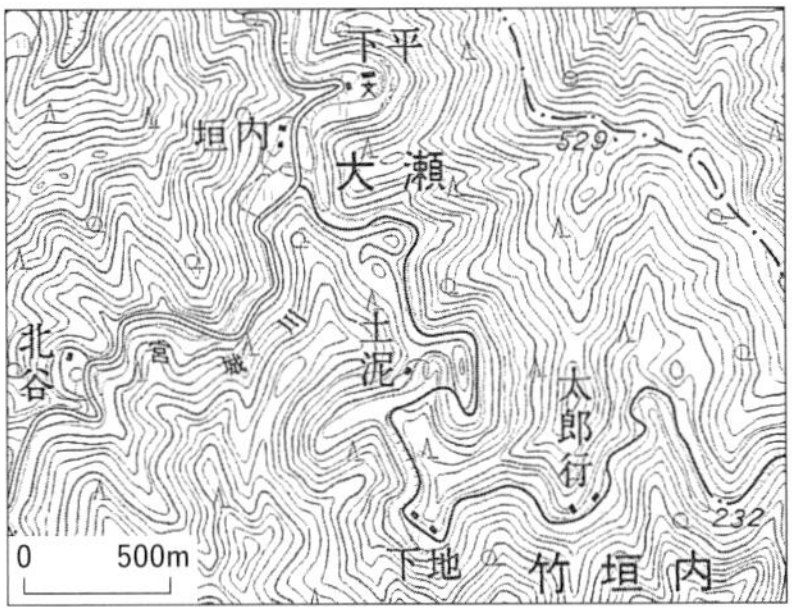

五万地形図 江住（国土地理院、昭和48）
大字大瀬は、下平、垣内の二つの字からなる。

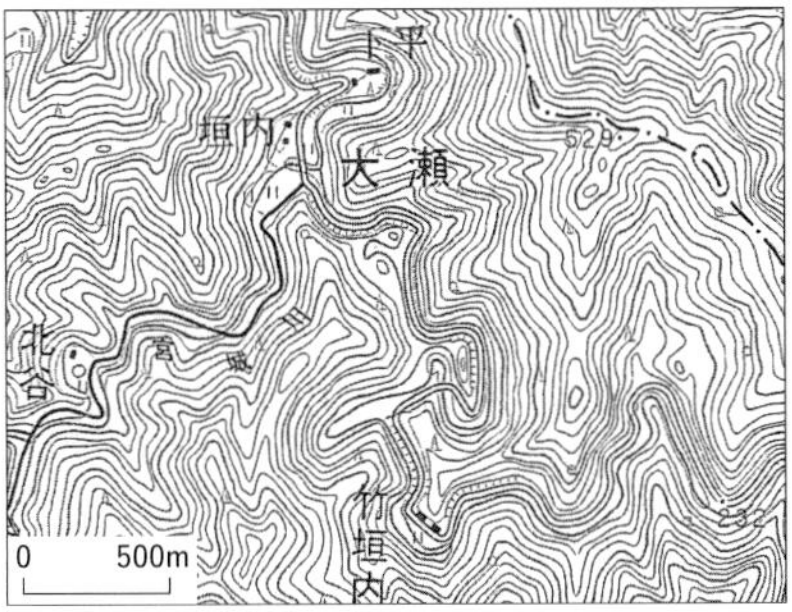

五万地形図 江住（国土地理院、平成15）
大字北谷、大字竹垣内も人口ゼロになっている。

兵庫県

金山《きんざん》

豊岡市日高町羽尻金山

村跡から帰る山道でクマと遭遇する

移転年　1962（昭和37）年
戸数　6戸（昭和36）
個別移転【農山村】
標高　511m（分校跡）

累計訪問数 704ヵ所　35

金山は、日本海に注ぐ円山《まるやま》川水系阿瀬《あぜ》川源流沿いにあった農山村で、JR豊岡駅から入口駐車場まで23㎞（クルマで45分）、山道を2・5㎞（徒歩1時間40分）である。

古くは金銀を採掘する鉱山集落だった。鉱山は室町時代後期に最盛期を迎え、江戸時代中期に廃鉱となった。その後は炭焼きなどの山仕事を生業として細々と存続した。

廃村探索で出会うと怖い動物というと、多くの方はクマが思い浮かぶのではないだろうか。筆者は数多くの廃村をめぐっているが、クマと出会ったのはこれまで二度しかなく、それは富山県魚津市古鹿熊《ふるかくま》と、この金山だった。もちろん「出会う確率は小さいから備えはいらない」わけではなく、山道を歩くときは熊鈴を持ち歩くのだが、二度とも持ち合わせていなかった。また、「熊に注意」の類の掲示はよく見かけるのだが、二度とも掲示のない廃村で遭遇している。クマとはそういう場面で遭遇するものなのかもしれない。

尾根上に往時の校舎が待っていた

2016（平成28）年の年始め、羽田発の飛行機は朝9時半に高知空港に到着した。空港には大原一宏さんが待ってくれていた。旧物部村の中心集落大栃《おおとち》で国道195号から離れ、宇筒舞《うつつまい》林道を進むと、やがて人家は見えなくなった。

今回上岡に向かうルートは、川之瀬谷を遡上する渓谷区間と急斜面のけもの道（往時の

渓谷区間・森林軌道跡を歩く（平成28年1月10日（日））

山登り区間・つづら折りの往時の生活道を歩く

分校跡には校舎が、整った状態で残っていた

生活道）を登る山登り区間に大別される。高さ3mほどの堰を何とか越えて、しばらくは渡渉しながら川歩きしていたが、「軌道跡を歩きましょうか」と大原さんから声がかかった。ただ、軌道跡は各所で崩壊しており、連続しては使えない。この軌道跡は大栃林用軌道の支線で、昭和30年代前半まで使われていたらしい。

渓谷区間の距離は1kmだが、出発から1時間経っても山登り区間にたどり着かない。「登り口を見逃したのでは」と心配になってきた頃、視界が少し広がり、林野庁の「まといリス」看板が見つかった。

山登り区間の距離も1kmほどだが、30分登っても上岡にたどり着かない。冬の山歩きだが筆者も大原さんも暑さのため汗をかいた。けもの道はおおむねしっかりしていたが、少々危うい箇所もあった。歩き始めて2時間強、ようやく傾斜がゆるんで石垣が目の前にそびえ、午後1時20分頃、上岡に到着した。

河口《かわぐち》小学校上岡分校は、へき地等級4級、児童数8名（昭和34）、1948（昭和23）年開校、62（昭和37）年閉校。ゆるい坂を進んでいくと、行く手に目指した校舎が待って

車道が通じない稜線上の道に、軽トラが残る

いてくれて、その左隅には分校跡の石碑が見つかった。建物は時折使われているようで、中は整然としていた。そばの平地には自家発電用の電柱が建っていた。

尾根筋には軽トラなら走れる幅の道があり、分校跡から見ると東と西に続いている。東の道を進むと、放牧場の餌場だったと思われるコンクリの施設が見当たった。西の道を進んだところ、放置された軽トラが現れた。少し進むと道の終わりに索道の施設跡があった。巻上げ機の小屋はエンジンを含め、しっかりと残っていた。上岡に車道が通じたことはなく、軽トラが索道で引き上げられたらしいことは、後の調べでわかった。

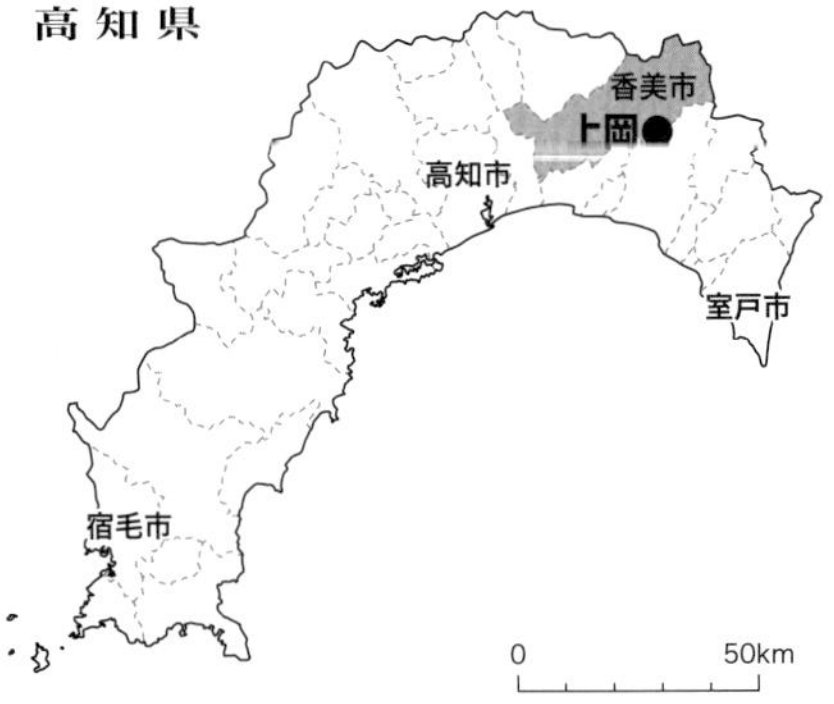

上岡の到達難度は「四国一高い」といわれる。

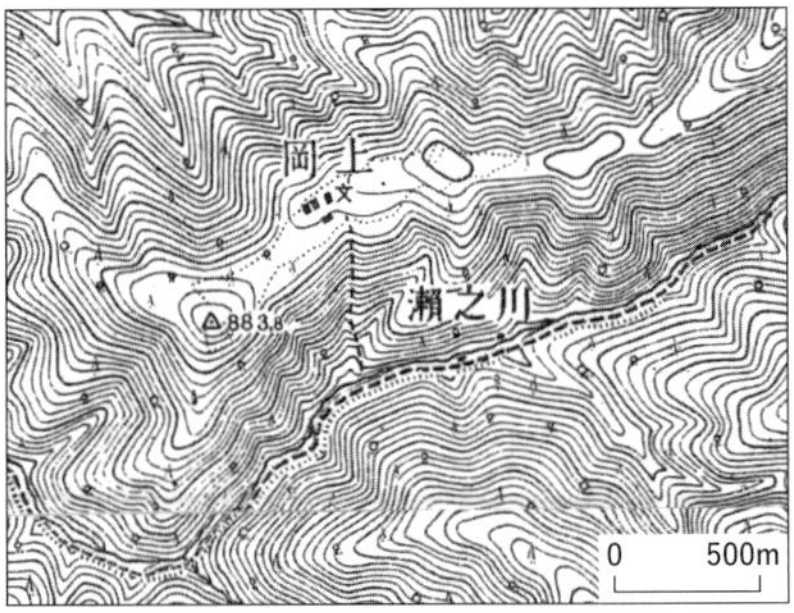

五万地形図 大栃（昭和35）、手結（昭和35）
平坦な上岡の尾根は、農地向きにも見える。

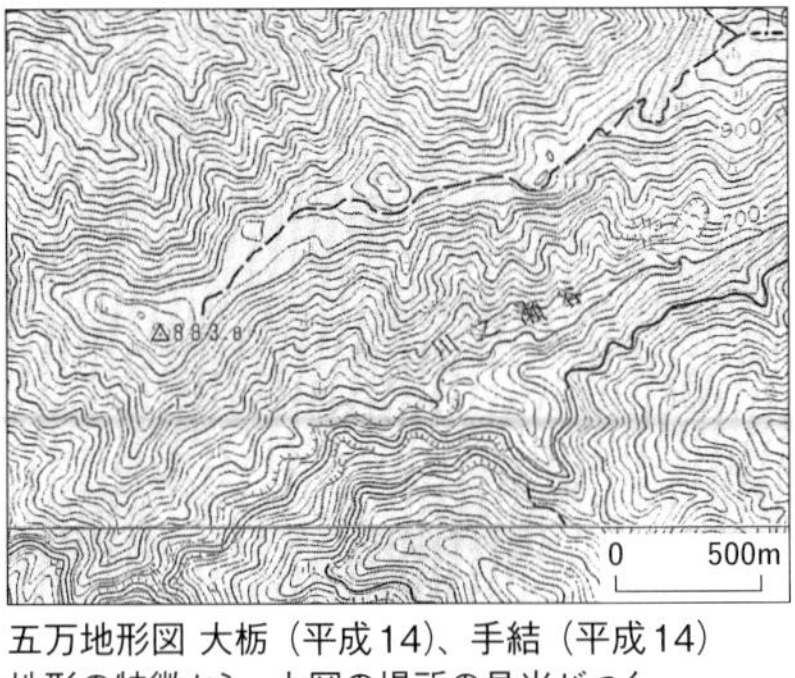

五万地形図 大栃（平成14）、手結（平成14）
地形の特徴から、上岡の場所の見当がつく。

長崎県

端《は》島《しま》

世界遺産となった島の炭鉱町跡

長崎市高島町端島

移転年　1966（昭和41）年
人口　5267人（昭和35年）
閉山で移転【炭鉱集落】
標高　5m（学校跡）

累計訪問数　96ヵ所　44

端島は、野母《のも》半島の沖合5kmにある離島にあった炭鉱集落で、長崎港から20km（船で40分）、高島港から5km（同15分）。面積は0・06平方kmと小さいが、「軍艦島」という通称を持つ島の外観は、他に類のない存在感があり、広く世間に知られている。

三菱高島炭鉱端島坑（端島炭鉱）は、1890（明治23）年に成立。島では炭鉱施設や住居を作るための埋立てが行われ、大正期には鉄筋コンクリート（RC）造アパートが建てられた。戦後最盛期の1960（昭和35）年には、小中学校、商業施設、病院、映画館などがすべてそろった海上の炭鉱都市であった。しかし、エネルギー革命の進行により炭鉱の規模は縮小し、端島炭鉱は74年1月に閉山。炭鉱町も同年4月に無住化した。

2015（平成27）年7月、端島炭鉱は「明治日本の産業革命遺産」として世界遺産に登録された。しかし注目は、大正期以降に建てられたアパート群が浴びている。

立体迷路のような島は、とても広く感じられた

初めての端島には、2000（平成12）年8月、長崎・四国への11泊12日のツーリングの道中、宿で一緒になった方とともに、宿のモーターボートで出かけた。蚊焼《かやき》港から乗ったボートが端島に到着したのは午前7時過ぎ。船着場の扉は閉ざされていたが、隣のハシゴを垂直に上がって下りると、小中学校跡の校舎が迎えてくれた。

櫛状九階建アパートの中庭（平成12年8月15日（火））

日本初のRC造集合住宅（30号棟、七階建）の共同炊事場

校舎の七階から幹部住宅と端島神社を見る

校舎の玄関にはテントがあって、泊まっていた方が３名。島を何度も訪ねているというＴＡＭＡさんは、「多いときは複数の釣りの方や探索の方が来ている」と話していた。

端島小学校は、へき地等級無級、児童数８３４名（昭和34）、１８９３（明治26）年開校、１９７４（昭和49）年閉校。ＲＣ造七階建の校舎（昭和33年建設）には、机や椅子が大量に残っていた。隣の病院跡では、山積みのカルテと点滴の箱が印象に残った。

コの字状九階建アパート（65号棟、昭和20年建設）の屋上（十階）には幼稚園跡があって、すべり台が残っていた。アパートの手すりは木造で、半分ぐらいは崩れて、物干し台とともに瓦礫となっていたが、釘は錆びて崩れたらしくなくなっていた。

「軍艦島」の外観は記憶に残る（平成17年3月14日（月））

端島のアパート群の特徴として、多くの渡り廊下があることが挙げられる。特に櫛状九階建アパート（16～19号棟、大正7年建設）は、その脇に地獄段と呼ばれる外付けの階段があって、崖の上に九階から渡り廊下で行けたり、隣のアパートに行けたりで、その様子は立体迷路のようだ。アパートには、共同便所、かまどの台所、食器、雑誌、飲み物のビン、水がめまで、いろいろなものが残されている。ロの字状七階建アパート（30号棟、大正5年建設、日本初のRC造集合住宅）では、共同炊事場を見つけた。

9時間強の探索の後、帰路には香焼《こうやぎ》の海上タクシーを使った。端島から携帯電話で連絡すると、海上タクシーの方は驚かれたようだった。

同年11月下旬、グループで再訪したときには、単独幼稚園跡で宿泊した。「軍艦島ならでは」の立体迷路のような広がりは、探索しないと感じることはできない。厳しく立ち入りが制限された今、振り返れば「行けるときに行っておいてよかった」としみじみする。

長崎県
（壱岐・対馬を除く）

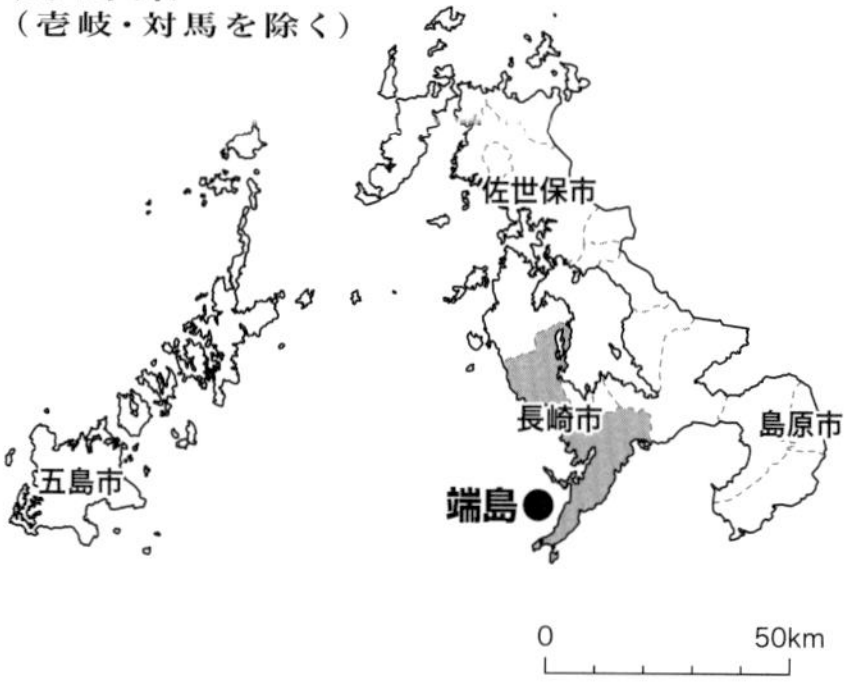

端島が属した高島町は、平成17年、長崎市となった。

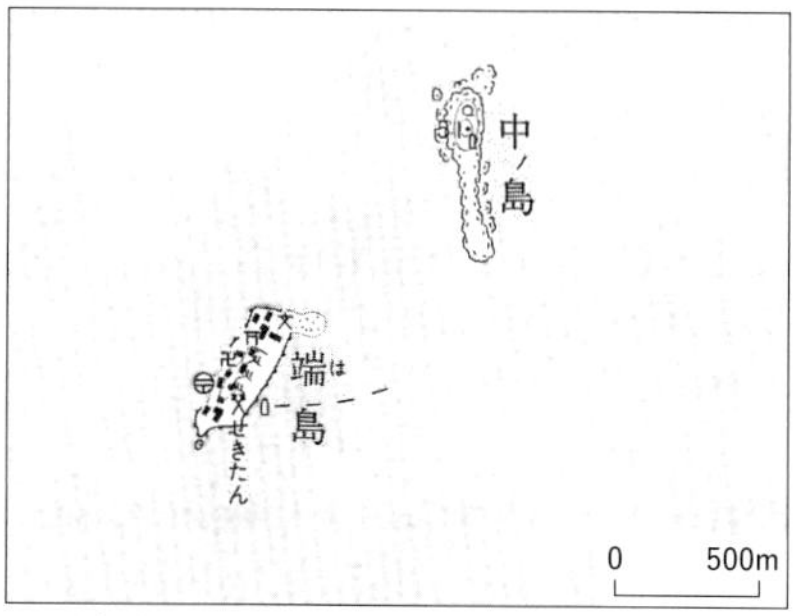

五万地形図 野母崎（昭和48、国土地理院）
昭和35年、端島の人口密度は東京の9倍あった。

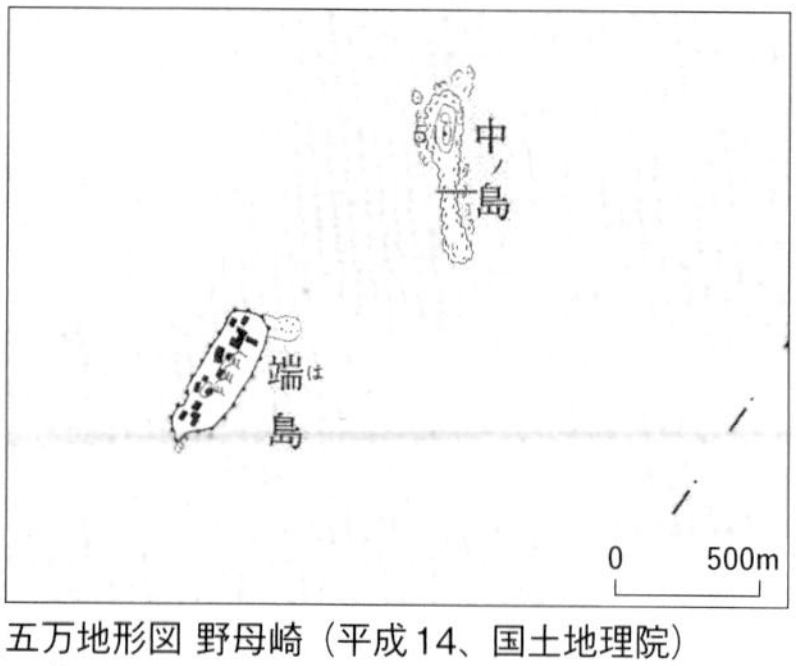

五万地形図 野母崎（平成14、国土地理院）
平成27年、端島炭坑は世界遺産になった。

長崎県

舟森《ふなもり》

世界遺産となった島のキリシタン集落跡

北松浦郡小値賀町《おぢかちょう》
野崎郷舟森

移転年　1966（昭和41）年
戸数　35戸（昭和30）
集団移転【離島】
標高　86m（分校跡）

累計訪問数　45
93ヵ所

舟森は、五島列島北側（平戸諸島）の野崎島にあった半農半漁の離島集落で、小値賀島笛吹《ふえふき》から野崎まで13km（船で30分）、野首《のくび》経由で5km（徒歩1時間30分）。三集落があった野崎島は、面積7・1平方km。戦後最盛期は648人が暮らしたが、高度経済成長期に離村が続き、2001（平成13）年、最後の住民（沖ノ神嶋《おきのこうじま》神社の神官）が移転した。

長崎県本土から隠れキリシタンが移住し、野首、舟森を形成したのは19世紀初頭（江戸後期）。神道の霊地で地勢が険しい野崎島は、隠れキリシタンが神道への信仰を装い、指導者を中心とする共同体を維持するには適した場所だった。明治期に建てられたレンガ造りの野首天主堂は、集落の移転後、荒れた時期があったが、小値賀町の手で改修、保存された。野生シカが棲む自然豊かな野崎島の集落跡は、2018（平成30）年7月、「長崎と天草地方の潜伏キリシタン関連遺産」として世界遺産登録が決定した。

段々畑跡が、集落のことを後世に伝える

初めての野崎島には、2000（平成12）年8月、長崎・四国への11泊12日のツーリングの道中に出かけた。自然学塾村（旧野崎小中学校校舎）に投宿し、夕方、単独で歩いて舟森を目指した。山道を何度か迷いそうになりながら着いた舟森には、段々畑跡がしっかりと残っていた。明るいうちに宿へ戻るべく、探索は10分ほどで切り上げた。

舟森・段々畑跡が広がる（令和元年8月4日（日））

海を見下ろす高台に、分校跡の平地が残る

十字架型離村記念碑「舟森郷の碑」が建つ

19年ぶり、三度目の野崎島には、2019（令和元）年8月、大学時代の恩師・堀田泉先生（昭和24年生）と2人で出かけた。当日は晴天だがとても暑く、自然学塾村まで一緒に歩いて、「舟森には単独で行こう」と判断した。

学塾村の自販機でお茶を補給して、天主堂前で先生と分かれたのは午前9時20分。ダムを回り込んで1人目指す舟森までは野首から3・5km。山道にはほどほどの起伏があるが、森の中を通るため木陰が多く、暑さにも何とか耐えることができた。野首から1時間10分ほどで集落跡の案内板が建っている場所までたどり着いた。

小値賀小学校舟森分校は、へき地等級5級、児童数30名（昭和34）、1899（明治32）年開校、1960（昭和35）年閉校。県発行の案内図を見ると、分校跡は集落跡東側の奥にある。段々畑跡の境目の石垣を上り下りしながら先へと進むと、建物の基礎があるまとまった平地にたどり着くことができた。

段々畑跡をどんどん下っていくと急なコンクリ階段が見つかり、さらに下ると行く手に十字架型離村記念碑（平成21年建立）が見えてきた。19年前には、ここまで下ることはで

夕暮れの山道、復路を急ぐ（平成12年8月11日（金））

きなかった。碑のすぐ横には瀬戸脇天主堂跡があって、往時の階段がしっかりと構えていた。19年前に「天主堂跡だろう」と思ったまとまった平地は、分校跡だったらしい。

集落跡の階段は、歩いてみると驚くほど急な傾斜があり、西側の共同墓地跡の探索は中途半端なままとなった。1時間ほどの探索の間、誰かに会うことはなく、絶景を独り占めできた。先生には「遅くても正午には戻ります」といっていた野首天主堂に帰り着いたのは12時30分だったが、復路の山道で携帯電話が通じたのは幸いだった。野生シカとは、森の中で遠目に出会っただけだった。

野崎島には、野崎、野首、舟森の三集落があった。

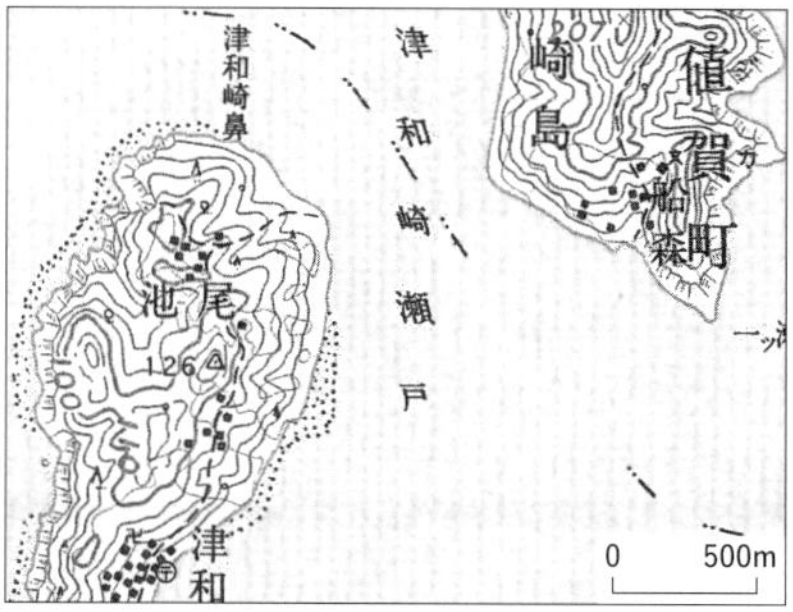

五万地形図 立串（国土地理院、昭和42）
舟森は、中通島津和崎から海路3kmの距離にある。

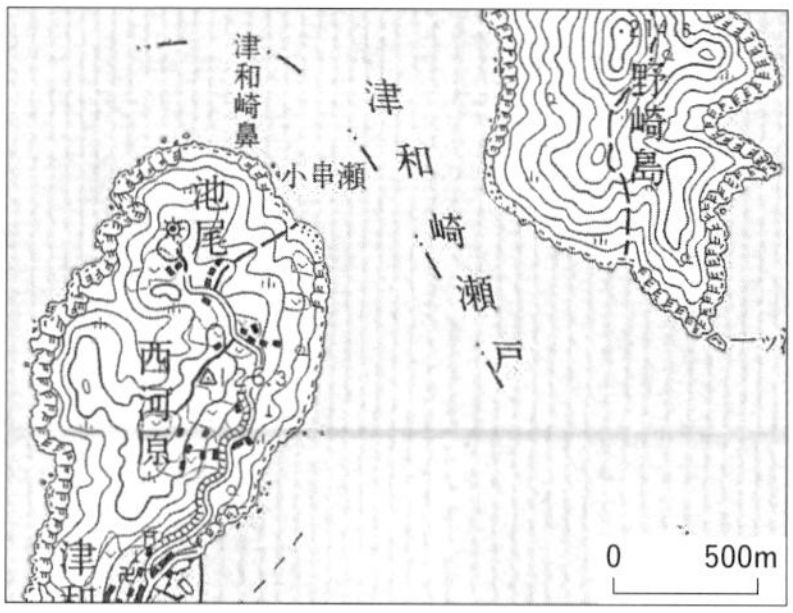

五万地形図 立串（国土地理院、平成15）
平成30年、野崎島の集落跡は世界遺産になった。

熊本県

内大臣《ないだいじん》

紅葉が美しかった営林集落跡

上益城郡《かみましきぐん》山都町《やまとちょう》
内大臣国有林

移転年　1980（昭和55）年
戸数　55戸（昭和46）
事業合理化で移転【営林集落】
標高　600m（分校跡）

累計訪問数 46
341ヵ所

内大臣は、有明海《ありあけ》に注ぐ緑川水系内大臣川上流沿いにあった営林集落で、山都町中心部から19km（クルマで40分）。集落名は、平家（小松内大臣重盛）の落人伝説に由来する。

営林集落（営林事業集落）とは、明治末期から戦後にかけて、森林の伐採や造林のため、主に国有林の奥深くに作られた事業所を中心にできた集落のことをいう。労働力集約のため形成された集落という点で、鉱山集落、炭鉱集落と似ており、林業を生業とした農山村（林業集落）と区分される。

高度経済成長期に林業市場が国際的なものになったことにより、国内の林業は競争力を失い、1980年代には営林集落はほぼ皆無となっていった。

営林集落は全国に分布していたが、熊本県、宮崎県、鹿児島県など九州南部に多くあった。内大臣は、その規模、稼働期間の長さから、代表的な営林集落といえる。

分校跡とプールは反対方向にあった

2009（平成21）年11月下旬、羽田発の飛行機は夕方5時45分に熊本空港に到着した。しばらくすると探索仲間の榊原幸春さんが来てくれて、この日は矢部市街の宿で前泊した。翌朝、通潤橋《つうじゅん》（石造りの水路橋、国の重要文化財）で村岡真一さん（鹿児島県在住）と待ち合わせて、内大臣にはクルマ2台、3名で出かけた。

内大臣・歴史を伝える案内板（平成21年11月21日（土））

分校跡へと続く道を紅葉が彩る

山間とは思えない広いプールが残っていた

すごい深さの緑川の渓谷を渡り、内大臣へ向かう未舗装の林道は、往時の森林鉄道の軌道を使ったものとのこと。路面をよく見ると、枕木が埋まっていた。

内大臣到着は朝9時半。歩道の橋を渡ると、「内大臣製品事業所跡 この場所は大正5年開設以来昭和55年3月まで60年余りの長きにわたり戦後の復興用資材など国の要請に応え木材生産を行ってきたところです。平成14年3月 熊本森林管理署 矢部事務所」と記された案内板が建っていた。案内板の周囲には、石垣で区切られた家屋跡の敷地がたくさんあって、冷蔵庫の残骸、風呂のタイルなど、生活を感じさせるものが散らばっていた。

内大臣分校跡、山中としては広い校庭には落葉樹が植えられていた

白糸第二小学校（のち白糸第三小学校）内大臣分校は、へき地等級3級、児童数59名（昭和34）、1918（大正7）年開校、79（昭和54）年休校、80年閉校。道なりに坂を登っていくと、鮮やかな紅葉が眼に入り、その先には分校跡の門柱が見えてきた。広い校庭には雑木ではなく、規則正しく落葉樹が植えられている。その整然とした姿から、かつ

て内大臣に暮らした方々が今もこの地を大切にされていることが想像できた。

一度坂を下って分校跡の反対側に行くと、神社（山神社）があって、社殿は綺麗に手入れされていた。１kmほど山に入ったところには、平家の落人伝説に係わる小松神社があるが、先の予定を考えて、そこまでは行けなかった。

榊原さんの「空中写真を見ると、山神社の先にプールが写っている」という声をもとに、確かめに行ったところ、山間とは思えない広いプールが見つかった。山の子達が水泳を学んだプールのそばに佇み、筆者は往時の営林集落の賑わいをほのかに想像した。

内大臣川が流れ込む緑川の渓谷はとても深い。

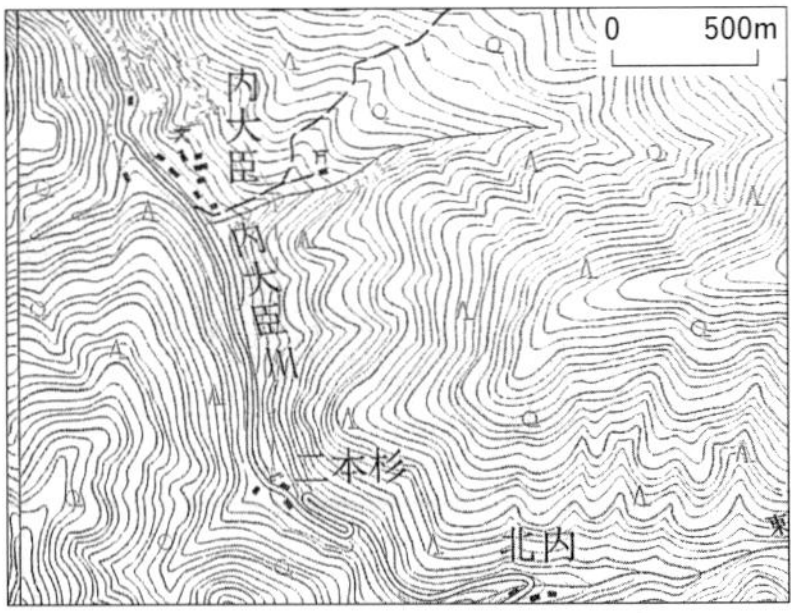

五万地形図 鞍岡（国土地理院、昭和48）
内大臣営林集落は、国有林の中にあった。

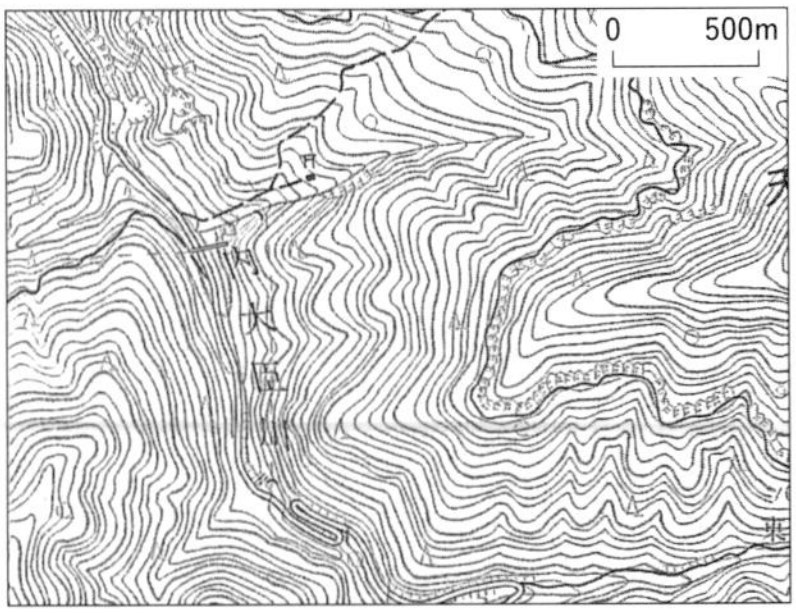

五万地形図 鞍岡（国土地理院、平成15）
鳥居マーク（小松神社）と内大臣川の名前が残る。

熊本県

中道《なかみち》

梅雨の晴間に訪ねた稜線上の分校跡

球磨《くま》郡五木《いつき》村甲字中道

移転年　1975（昭和50）年
戸数　22戸（昭和31）
個別移転【農山村】
標高　792m（分校跡）

累計訪問数 1000ヵ所　47

中道は、八代《やつしろ》海に注ぐ球磨川水系川辺《かわべ》川上流域にあった農山村で、五木村中心部から中道バス停まで12㎞（クルマで24分）、分校跡まで林道を3・5㎞（徒歩1時間40分）。バス停と分校跡の標高差は400mある。

中道の家々は、川辺川、久連子《くれこ》川、中道谷に挟まれた山の中腹に散在しており、戦前、分校がなかった頃は、児童は山道を歩いて久連子（八代市五家荘《ごかのしょう》）の学校に通った。

北海道や九州、沖縄など、首都圏や京阪神からだと遠方の廃村を探索するとき、天候不順などで計画を変更することは難しいが、例えば2泊3日の旅で3日とも天気予報が雨の場合に、どう考えるべきだろう。中道行きの旅は、熊本県の梅雨入りが例年に比べて著しく早く、当初計画した日程が梅雨入りと重なってしまったため、旅の2日前に10日間天気予報の晴マークを見て、1週間延期を決めて実行することになった。

往路・復路とも1人暮らすおばあさんと出会った

2021（令和3）年5月下旬、中道の探索当日は、願いが叶って晴になった。五家荘樅木《もみぎ》の宿を出発し、中道バス停付近にクルマを停めて、分校跡を目指して歩き始めたのは7時40分頃。中道橋を渡ってすぐ、12年前の秋、内大臣《ないだいじん》とともにクルマで訪ねようとしてブロックされたゲートの右側には、歩いて行くには問題がないスペースがあった。

倒木で荒れた分校跡へ続く林道（令和3年5月23日(日)）

擁壁の先に分校跡を示す門柱が見えた

分校跡のそばにお堂が残されていた

中道には、1人おばあさんが住まれている。つづら折りの箇所が終わった頃、行く手に斜めに倒れた木が見当たった。しばらく歩くと、向こうからおばあさん（土屋ミナ子さん、昭和13年生）が歩いてきた。事前にご挨拶の手紙を出していたので、「こんにちわ」と挨拶すると、自然に話が始まった。土屋さんは生まれも育ちも中道で、分校の閉校年（昭和50年）、皆が山を下りた後も夫婦で家に残った。鍬を持たれていたので、「農作業をされるのですか」と話すと、「バス停まで歩いて、道が荒れていたら補修する」という返事をいただいた。そして「分校跡まで行ってきます」と話すと、「道が荒れているだろうから気をつけて」という声をいただいた。

分校跡・建物基礎の並びに埋まった一升瓶が見られた

家がある樫谷《かしたに》の先の林道は谷の部分が荒れていて、道筋がわからなくなるほど荒れた箇所もあった。やがて道の右手上方に建物が見え、続いて擁壁、そして門柱が見えてきた。それは地形図に記された「文」マークの位置であり、分校跡到着を確信できた。

五木北小学校中道分校は、へき地等級2級、児童数15名（昭和34）、1948（昭和23）年開校、75（昭和50）年閉校。稜線上の分校跡には何かの台座と一台の廃車、広い平地、埋めたタイヤの遊具、金網が残っており、一段高い平地には建物（中学校分校校舎を兼ねた公民館）の基礎、埋まった一升瓶の囲みが見られた。分校跡の奥にある大きな木の下にはお地蔵さんがいて、先に見えた建物はお堂だった。

復路は下り坂が続くので、足取りも軽やかだ。「どこかで出会うといいな」と思っていた土屋さんとは、往路と同じぐらいの場所で再会した。「山道を歩くことができるから、元気が養える」という言葉を受けて土屋さんと分かれ、先に進むと、土屋さんが片づけたのであろう、往路にあった斜めに倒れた木は見られなくなっていた。

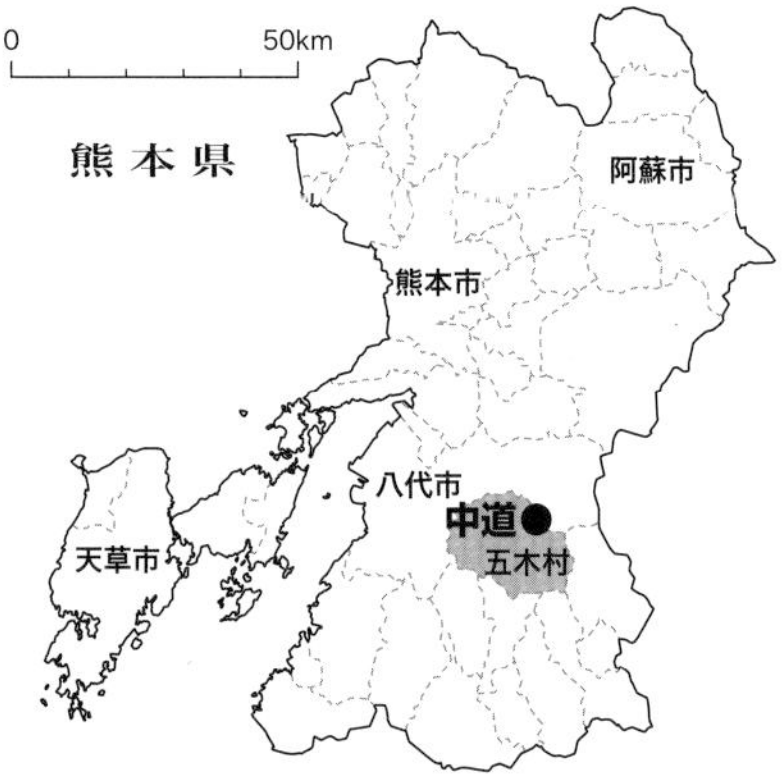

五木村は子守歌の里、ダムの里として知られる。

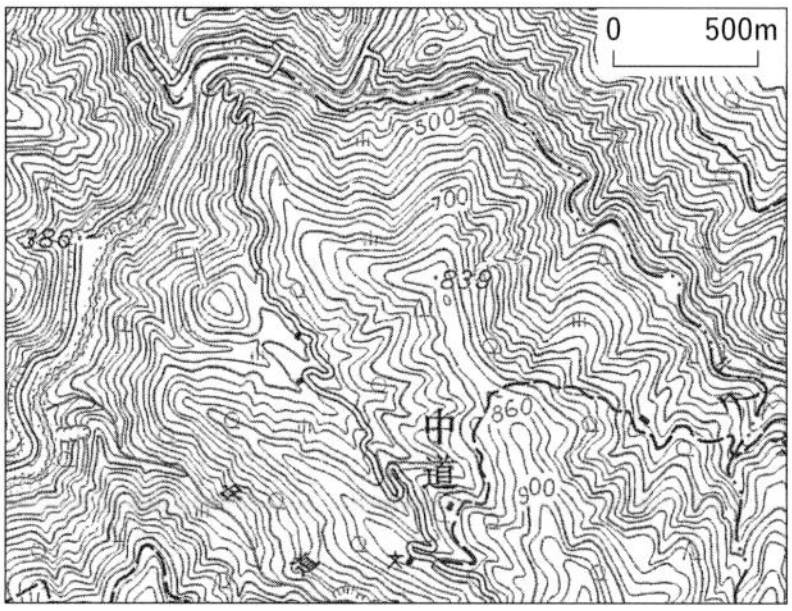

五万地形図 頭地（国土地理院、昭和43）
筆者は中道を「営林集落では」と考えていた。

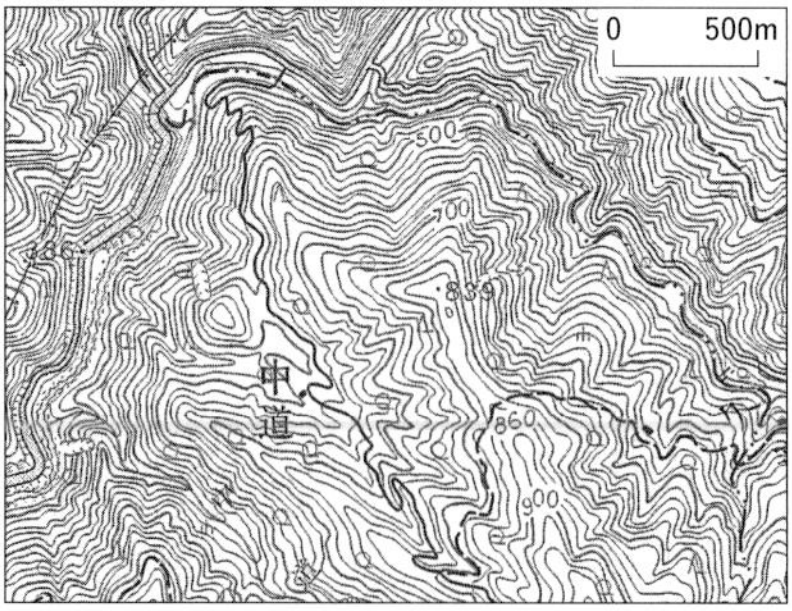

五万地形図 頭地（国土地理院、平成5）
中道の文字は、樫谷のほうに移動している。

宮崎県

吹《ふき》山《やま》

多くの遺構が残る情報の薄い営林集落跡

西《さい》都《と》市三納《みのう》吹山国有林

移転年　1967（昭和42）年
戸数　23戸（昭和40）
事業合理化で移転【営林集落】
標高　254m（分校跡）

累計訪問数　48　507ヵ所

吹山は、一ツ瀬川水系南川上流域にあった営林集落で、西都市中心部から入口三差路まで20km（クルマで50分）、荒れた林道跡を2km（徒歩1時間20分）。林道は山の中腹を通っているが、事業所閉所の直前まで、交通手段は川沿いを走る森林鉄道だった。

地図エッセイの第一人者・堀淳一先生（大正15年生）の著書『地図で歩く古代から現代まで』のあとがきには「私は原則として下しらべをしない。事前にあまり知りすぎると歩いた時の感興が既知知識のため歪められたり減殺されるからです」という一文がある。この一文と同様の視点から、筆者は「情報が薄いこと」を探索の楽しみの一つと考えている。吹山はまさに情報の薄い廃村で、事前にわかることは、往時の地形図と自作の資料集『廃村千選』に載せた分校の情報、書籍『ここに学校があった』（同編集委員会編）に載った分校の記事ぐらいだった。何が待っているかは、「行ってみてのお楽しみ」だ。

情報の薄い分校跡に痕跡が見つかった

吹山には、２０１３（平成25）年の夏、廃村全県踏破達成の旅で訪ねたことになっている。そのときは、榊原さん、村岡さん、戸高厚司《こうじ》さん（大分県在住）など5名で、集落跡を見下ろす林道沿いの塚に建つ分校跡の碑までたどり着いただけだった。碑の２㎞手前から集落跡へと続く道が分岐していたが、少し歩いて様子を確かめるに留めた。

塚の上に建つ吹山分校跡碑（平成26年5月3日(土)）

谷底の集落に分校跡校舎の基礎が残る

川を渡る箇所には、森林鉄道の鉄橋の一部が残っていた

翌2014（平成26）年の春、吹山営林集落跡には、長崎から鹿児島まで九州5泊6日の旅の5日目、戸高さんと2人で出かけた。この旅では熊本以外の六県を通り、福岡以外の五県に泊まり、長崎、佐賀、宮崎の廃村を訪ねた。

まず「ご挨拶しよう」と、昨夏も訪ねた分校跡の碑が建つ塚に立ち寄った。目指す集落跡・分校跡は、碑から高低差220mの谷底にある。

碑の2km手前の三差路にクルマを停めて、一見クルマでも行けそうな林道跡を歩きはじめたところ、ヘヤピンカーブを曲がるとすぐに崩落箇所があって、その先は山歩きの領域になった。沢がある部分の道は完全に途切れていて、単独だったら諦めていたに違いない。

集落跡、南川の流れのそばにプールが見つかった

歩き始めて1時間10分・およそ2kmで、林道跡は南川の流れに近づき、吹山営林集落跡に到着したのは正午頃。まず見つかったのは大きな建物の基礎。そこから川の方向に歩くとプールが見つかった。三納小学校吹山分校は、1947（昭和22）年開校、へき地等級4級、児童数19名（昭和34）、67（昭和42）年閉校。位置関係から見て、大きな建物の基

礎は分校の校舎に違いなさそうだ。さらに先を進むと森林鉄道の跡が見つかり、南川を渡る地点では、両岸に鉄橋の一部が残っていた。

川の流れのそばにプール、二段目に校庭や校舎があったとすると、三段目に森林鉄道、四段目に住宅という感じだったのだろうか。営林集落がなくなって47年目、集落跡には地形図を見ただけでは想像できないほどの広がりがあって、住宅の基礎も多数見つけることができた。現地探索は、昼食休みを含めて2時間。往復の林道跡歩きを加えると4時間半かかったが、「行ってみてわかった」ことが多数あり、充実感に満たされた。

吹山がある西都市は、宮崎県の真ん中にある。

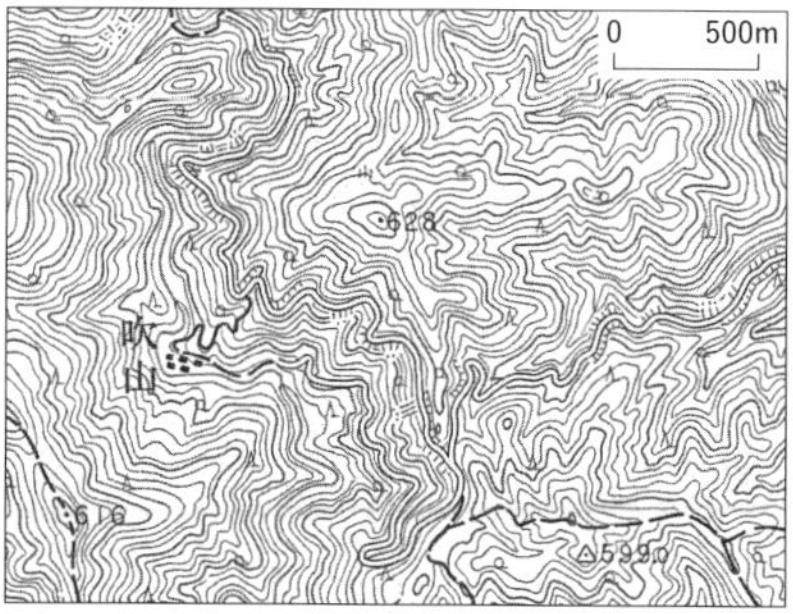

五万地形図 妻（国土地理院、昭和44）
地形図には、吹山に通じる車道が記されている。

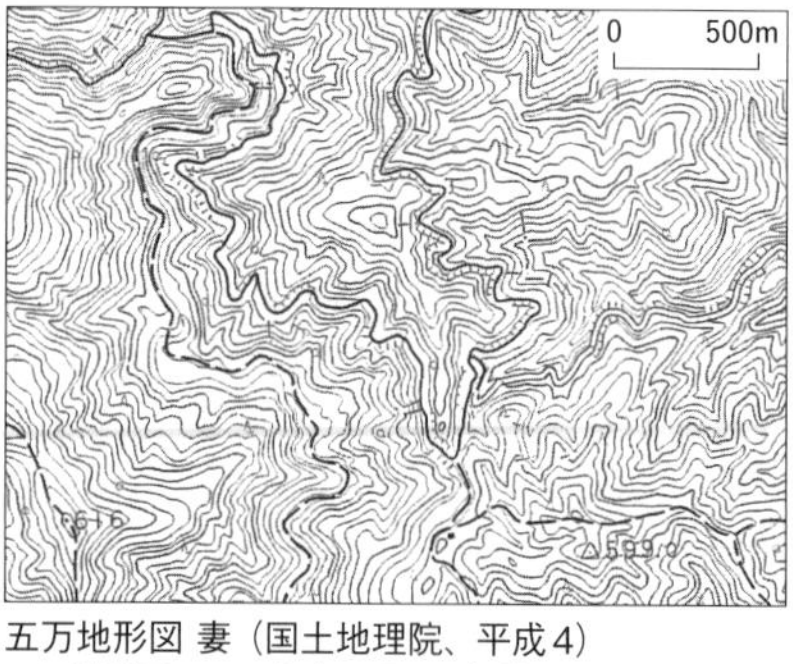

五万地形図 妻（国土地理院、平成4）
この地形図では、吹山に通じる車道は消えている。

鹿児島県

本之牟礼《ほんのむれ》

阿久根市西目《あくねしにしめ》
字下本之牟礼ほか

集団移転を実現した平成初期の廃村

移転年	1989（平成元）年
戸数	65戸（昭和32）
集団移転	【農山村】
標高	98m（分校跡）

累計訪問数 611ヵ所　**49**

本之牟礼は、東シナ海に注ぐ大川川《おおかわ》流域にあった農山村で、肥薩《ひさつ》おれんじ鉄道薩摩大川駅から5km（クルマで15分）。分校がある川沿いの下本之牟礼（下地区）と山腹の上本之牟礼（上地区）からなり、その標高差は130mある。

1970年代、行政は積極的に「集落再編成事業」を行い、全国各地で集団移転が行われた。しかし、平成期、生活のための集団移転が行われた例はほとんどない。『撤退の農村計画』（林直樹、齋藤晋《すすむ》編著）には、本之牟礼の集団移転が記されている。集落のリーダー格の方が「このままでは集落は先細りになるばかりだ。余力のあるうちに住みやすい場所に移転してはどうか」という意見を取りまとめ、集落の総意として阿久根市に働きかけたことを契機に、1989（平成元）年、10戸のうち7戸が市街地に近い倉津《くらつ》団地への移転が実現した。従来のコミュニティーが保たれた移転先の暮らしの評価は高いという。

村跡は南国らしい緑に包まれていた

本之牟礼には、２０１５（平成27）年の梅雨の合間、林直樹さんに紹介していただいた花木《はなき》雅昭さんとともに出かけた。花木さんは本之牟礼出身で、阿久根市役所勤務の頃、市職員として集落の集団移転事業に係わっている。ホームから東シナ海が見える薩摩大川駅到着は午前10時38分。無人の改札をくぐると、花木さんが待ってくれていた。

木造モルタル造の分校跡校舎（平成27年7月14日(火)）

浴室を残し崩壊した家屋跡

水道施設とコンクリ造の祠、奥には傷んだ家屋がある

花木さんの話をうかがいながらクルマに乗っていると、やがて分校跡にたどり着いた。大川小学校本之牟礼分校は、へき地等級無級、児童数39名（昭和34）、１９１４（大正３）年開校、76（昭和51）年閉校。分校跡は下地区三差路のそばに位置しており、木造モルタル造の校舎は陶芸の方の作業所兼住居として使われていた。

続いて、下地区の様子を見て歩いた。『撤退の農村計画』には、２００８（平成20）年７月現在の下地区の写真があって、「降雪の少なさのせいか、移転して約20年経った今も、住居が比較的そのままの形で残っているところが多い」という一文がある。それから7年経って、家屋の大部分は崩壊していた。その理由について、花木さんは「元住民の高齢化が進み、訪ねる人がほとんどいなくなった」、「たびたび台風が襲来し、その際に一気に崩れた」ことを挙げられた。

校庭の下には、拡張時に暗渠となった川が流れている

続いて訪ねた上地区の家屋は散在しており、存在感は薄い。しかし、下地区と比べると道の幅は広く、明るい感じがする。墓地を改造した馬頭観音公園にはサクラの木が植えられていて、花木さんは「春には元住民の方が集って花見が行われる」と話された。

帰り道、花木さんは「あわせて見ておきましょう」と、落《おとし》という過疎集落（限界集落）に立ち寄ってくれた。空き家が目立つ集落の現住戸数は13戸。いちばんの若手は70代。長年自治会長を続けている方は、「早く引退したいが、成り手がいない」といっている。行政は集落の見回りなどをして、できるだけの支援をしている。そして、住まれる方はみな「元気なうちは落に住み続けたい」と話しているとのことだった。

林直樹さんとの秋田県62ヵ所の廃村研究調査は、本之牟礼を訪ねた年の秋に行った。研究という立ち位置から廃村を見ることで、筆者は集落移転の意義を再認識した。

本之牟礼がある鹿児島県西部は、薩摩と呼ばれる。

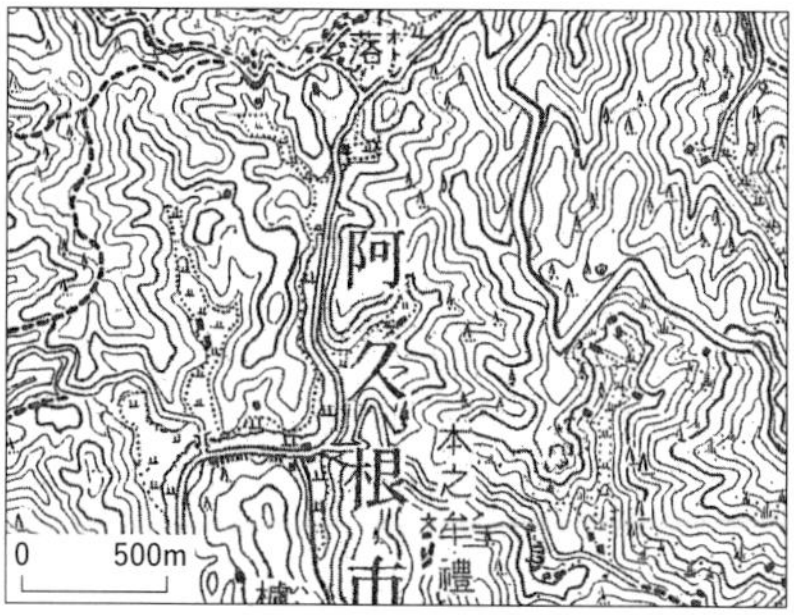

五万地形図 西方（国土地理院、昭和42）
「本之牟禮」の文字は、下地区にある。

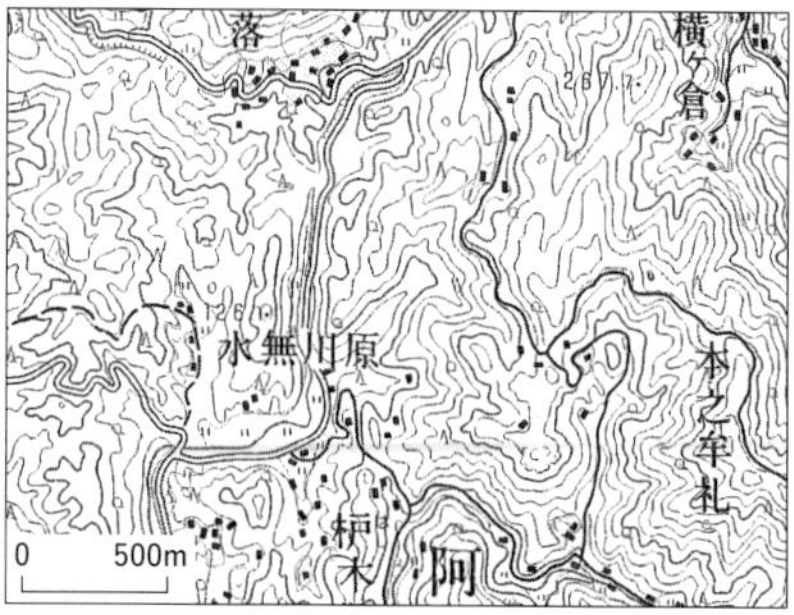

五万地形図 西方（国土地理院、平成15）
「本之牟礼」の文字は、上地区に移動している。

沖縄県

宇《う》多《た》良《ら》

ジャングルに埋もれた炭鉱集落跡

八重山郡竹富《たけとみ》町
上原《うえはら》宇多良

移転年　1945（昭和20）年頃
坑夫　千数百人（昭和10年代）
閉山で移転【炭鉱集落】
標高　15m（施設跡）

累計訪問数　55カ所　50

宇多良は八重山諸島西表《いりおもて》島、浦内川の支流宇多良川沿いにあった炭鉱集落で、上原港から浦内川船着場まで6km（クルマで12分）、歩道を1km（徒歩20分）である。

西表島西部には、明治から昭和（おもに戦前）にかけていくつかの炭鉱が稼働していたという歴史がある。西表というと、イリオモテヤマネコやマングローブといった自然の豊かな島というイメージが強く、1991（平成3）年に東京・日比谷図書館で西表炭鉱の写真集を見つけたときは、大いに驚いたものだった。

丸三炭鉱宇多良坑は1936（昭和11）年に稼働開始。その規模は西表島最大で、炭鉱集落には学校から演芸場まで整備されたが、戦争の激化とともに労働環境は苛酷になったという。そして、米軍の空襲で壊滅状態になり、戦後再生することはなかった。1980～90年代はジャングルに埋もれて、通じる道さえない状態になっていたという。

橋と炭鉱集落は無関係だった

初めての宇多良には、1998（平成10）年の春、八重山への14泊15日の旅の道中、宿で一緒になった方とともに、カヌー2艘で出かけた。

浦内川船着場からすぐ、左手に分岐する宇多良川へと入り、両岸をマングローブ林に囲まれた川を10分ほどさかのぼると、目の前にコンクリートの橋が現れた。橋のたもとにカ

川をさかのぼり、橋を見つける（平成10年5月3日（日））

橋（宇多良橋）はジャングルに埋もれていた

21年後、炭鉱施設を見つける（令和元年10月23日（水））

ヌーをつけて上がってみると、欄干には「うたらばし　昭和十年」とあった。橋の上に積もった土の上にも木々が茂っており、閉山から約50年という時の長さが感じられた。ジャングルの中、炭鉱の痕跡探しもしたかったが、サンダル履きにTシャツ、短パンという軽装備だったので、見送ることにした。

その後、宇多良橋の竣工時期は１９５９（昭和34）年であることがわかった。つまり、炭鉱とは関係がない橋だった。「昭和十年」と誤って記憶したのは、橋を炭鉱関連のものと思い込んでいたからなのだろう。

２０１９（令和元）年の秋、八重山への3泊4日の旅の道中、単独で宇多良を再訪した。21年前は「知る人ぞ知る」という感じがしたのだが、２００７（平成19）年、経済産業省が沖縄経済に貢献した「日本近代化産業遺産群」の一つに認定されて、通じる道が整備されたという。

炭鉱施設の300mほど下流側、宇多良橋と再会できた

浦内川船着場の分岐から１kmほどの平坦な山道を歩いてたどり着いた炭鉱跡には、見学用の木道が整備されており、象徴的なガジュマルが絡まったトロッコの支柱を見ることが

できた。支柱のそばには、過酷な労働条件の中、非業の死を遂げた坑夫の慰霊碑（萬骨碑）が建っていた。しかし、印象深い宇多良橋は見つからなかった。

戻り道「橋はないか」と眼をこらしながら進んだところ、山道で偶然出会った西表の山に詳しい方の力添えがあったおかげで、炭鉱跡から300mほど下った道なき道の先に橋を見つけることができた。昭和30年代、森林資源が豊かな西表島ではその開発が進められようとしていた。宇多良橋は森林開発に係わるものの感じがするが、詳しい方も「橋がつくられた理由は、はっきりとはわからない」とのことだった。

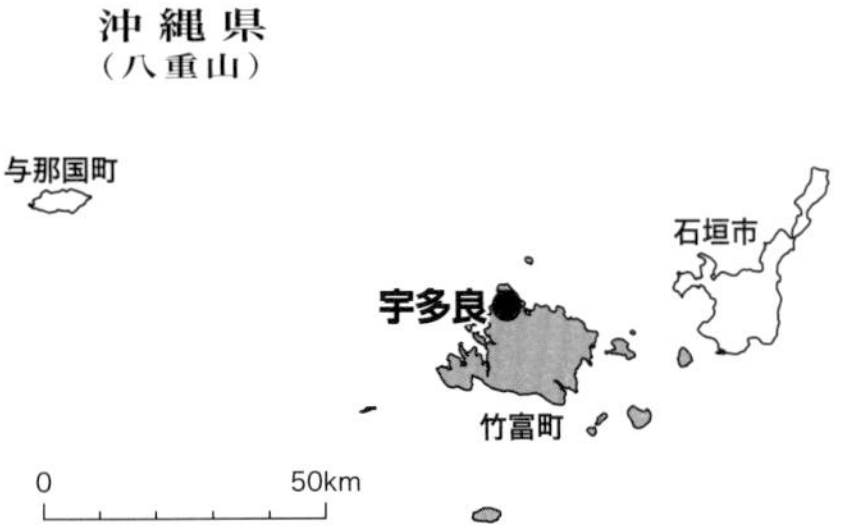

宇多良がある西表島は、竹富町に属する。

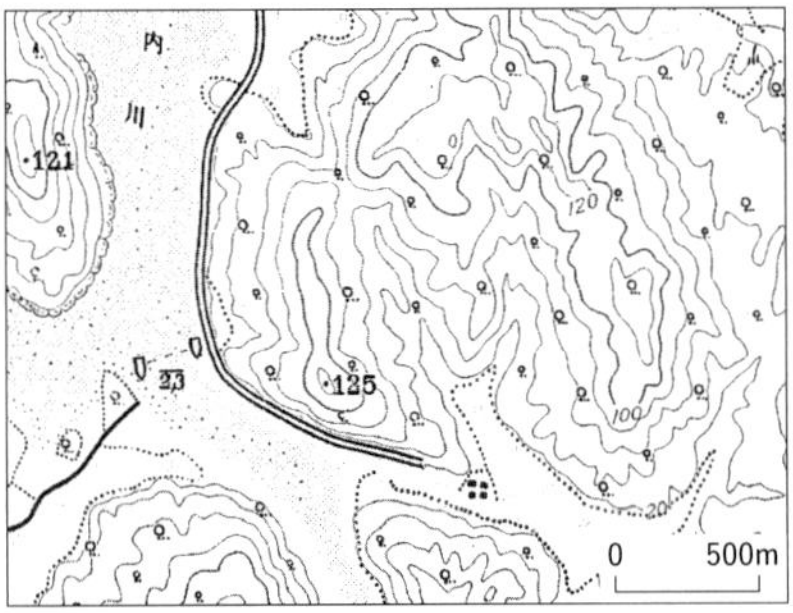

五万地形図 西表島北部（昭和41、国土地理院）
道路の終点（宇多良）に、家屋が記されている。

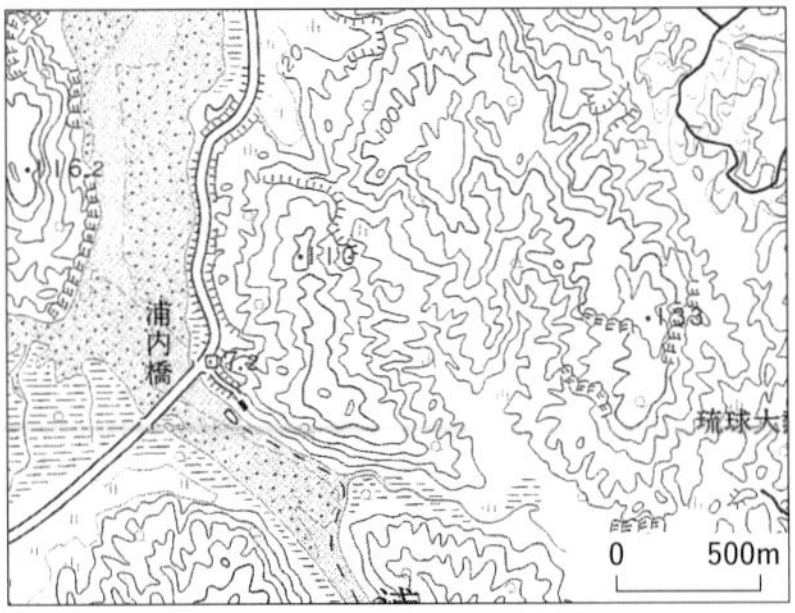

五万地形図 西表島西部（平成5、国土地理院）
平成19年、宇多良炭坑は産業遺産となった。

廃村探索のマナー・留意点 ／ 廃村の季節感

廃村は地域の方のものであり、探索をするにあたっては一定のマナーを守る必要がある。

廃村では、管理上、防災上の理由などにより立ち入りが制限されている場合がある。「立入禁止」などの指示には従うのが大原則である。クマやマムシ、ダニ、ヒル、スズメバチなどの危険動物には要注意である。足元にも川の流れや古井戸などの危険が潜んでいる。事故が起こると、関係者にも迷惑がかかる。事故がないように細心の注意をはらうことはとても重要である。

また、地域の方に迷惑をかけることがないよう、気を配る必要がある。「立入制限がない」「事故に注意する」ことを前提とした上で、筆者が廃村探索において気を配っているのは次の四点である。

① 現地では「見せていただく」という気持ちを大切にする。人が目の前にいない場合でも、その気持ちを具体的な形で示すことが望ましい。例えば、神社やお地蔵さんを見つけたら手を合わせるとよい。

② クルマやバイクに乗っていると顔が見えないため、元住民の方、地域の方を不安にさせる可能性がある。クルマやバイクで訪ねるときは、なるべく早く降り、徒歩で探索するよう心がける。

③ 地域の方と会ったときは、積極的に挨拶するよう心掛ける。このとき「学校跡を探しているのですが、どちらにあるのでしょうか」といった、明確な目的を示すと、コミュニケーションがスムーズになる。

④ 「ごみを捨てない」「ものを持ち出さない」などの基本的なマナーを守る。

探索でどのような道具を使うかは、人それぞれといえる。地図に限ってまとめると、筆者は新旧地形図とバイクツーリング用マップの組み合わせ（紙の情報）を20年以上使っている。GPSの類いは何度か使ったが定着はしなかった。カーナビはすっかり定着したが、情報を鵜呑みにしないよう心がけている。

山中では通信機器が使えないこともよくあるが、世代的なものからか、不便や不安を感じたことはない。必要以上にデジタル情報には頼らず、紙の情報を使いこなす術を保つなどのほうが大切ではないかと考えている。

同じ廃村へ出かけたとしても、訪ねた季節によって印象は大きく異なることがある。ありのままの自然があふれる廃村では、ありのままの季節感を味わうことができる。

筆者にとって、廃村探索のベストシーズンは４月から５月にかけてである。春の花が咲いており、雑草の茂みは薄い。日差しは長く、暑くも寒くもない。ただ、積雪地では残雪で行動を阻まれる可能性があるので、注意を要する。

逆に６月から７月にかけては、不向きな季節である。梅雨で蒸し暑く、茂みが濃くなっている。ダニやヒルの動きも活発である。真夏は暑さとの戦いになり、アブやスズメバチも活発だが、木影や夕立の後に感じる涼しさは悪くない。

10月から11月にかけては、日は短いが紅葉や黄葉が輝く風景はとても美しい。筆者が住む首都圏の日常とは大きく異なる真冬の雪国へ出かけるのもよいものである。

廃村にはさまざまな姿があり、その魅力をいい表すことは難しいが、あえて一言を選ぶとすれば、「訪ねたときのおどろき」ではないかと考えている。

筆者は、2021年２月、岩手県の砂子沢《いさごさわ》という廃校廃村を探索して１時間ほど経ってから、携帯電話を紛失したことに気がついた。心当たりはなかったが、強いていえば、携帯は胸ポケットに入れていたので、カンジキのひもを結ぶとき（前かがみになったとき）に落とした可能性が高いように思えた。気がついて２時間後、現地に戻ってカンジキの足跡をたどり、校舎の横で携帯を見つけたときは、心底ホッとしたものだった。

「携帯や財布、指輪などの小物を紛失しないこと」も、廃村探索の留意点といえる。

参考文献・出典資料

・『五万分の一、二万五千分の一地形図』、地理研究所／国土地理院（１９１４―２０１９年）
・「地理院地図」Ｗｅｂ、国土地理院、https://maps.gsi.go.jp/
・「地図マピオン」Ｗｅｂ、マピオン、https://www.mapion.co.jp/
・『郵便区全図』、郵政弘済会／郵政省（１９４９―１９７７年）
・『電信電話綜合地図』、各地方電気通信局（１９４９―１９６６年）
・『へき地学校名簿』、教育設備助成会（１９６１年）
・『全国学校総覧』、東京教育研究所／原書房（１９５９―２０１９年）
・『ゼンリン住宅地図』、善隣出版社／ゼンリン（１９７０―２０１９年）
・『角川日本地名大辞典』、角川書店（１９７８―１９９０年）
・「全国都道府県市区町村別人口 昭和30年国勢調査」、総理府統計局（１９５６年）
・『廃村と過疎の風景4 廃村千選 東日本編』、浅原昭生著、ＨＥＹＡＮＥＫＯ（２０１０年）
・『廃村と過疎の風景5 廃村千選 西日本編』、浅原昭生著、ＨＥＹＡＮＥＫＯ（２０１１年）
・『ＳＨＩＭＡＤＡＳ』、日本離島センター（１９９８年―２０１９年）
・「ダム便覧」Ｗｅｂ、日本ダム協会、http://damnet.or.jp/Dambinran/binran/TopIndex.html
・『廃村をゆく』、イカロス出版（２０１１年）
・「村影弥太郎の集落紀行」Ｗｅｂ、村影弥太郎、http://www.aikis.or.jp/~kage-kan/

・『日本の過疎地』Ｂｌｏｇ、成瀬健太、http://knaruse.blog94.fc2.com/
・『村が消えた むつ小川原 農民と国家』、本田靖春著、講談社（１９８５年）
・『川井村郷土誌 上巻』、川井村（１９６２年）
・『秋田・消えた村の記録』、佐藤晃之輔著、無明舎出版（１９９７年）
・『会津地方の集落と分校』、鷲山義雄（１９９４年）
・「郷土研究 第22号」、奥多摩郷土研究会（２０１１年）
・『角海浜物語』、斉藤文夫著、和納の窓（２００６年）
・『増山たづ子 徳山村写真全記録』、増山たづ子著、影書房（１９９７年）
・『村の記憶』、山村調査グループ著、桂書房（１９９５年）
・「小松新聞」、「北國新聞」各１９７０年11月―１９８１年11月
・『日本の過疎地帯』、今井幸彦著、岩波新書（１９６８年）
・「錦川 第6号」、錦町教育委員会（１９９３年）
・『無人島が呼んでいる』、本木修次著、ハート出版（１９９９年）
・『石鎚山に抱かれて』、一色龍太郎著、アトラス出版（２０２０年）
・『軍艦島 離島40年』、坂本道徳著、実業之日本社（２０１４年）
・『ここに学校があった』、宮崎県教職員互助会（１９９８年）
・『撤退の農村計画』、林直樹、齋藤晋編著、学芸出版社（２０１０年）
・『西表炭坑概史』、三木健著、ひるぎ社（１９８３年）

あとがき

地図が好きな小学生だった。父孝昭《たかあき》からプレゼントされた、会社で使わなくなった人文社の『分県地図』を、暇があれば見ていた。そのうちに、地図をトレースし、県ごとにまとめて自由研究として先生に提出するようになる。全県踏破は福井県で達成した。

分県地図には都道府県、市町村ごとに人口や面積といった値（1970年）が記されていたので、人口密度を計算してノートに手書きの表を作った。また、『少年朝日年鑑』に載った国勢調査人口の値（1975年）と比べて、人口増減率を計算した。

これらのことをするにあたって、特に目的はなかったが、そのうちに歴史のこと、時刻表を読むことなどに興味の対象が広がり、中学校卒業の頃、初めて遠くに1人旅に出た。行先は長崎で、往復夜行列車を使った。観光地の賑わいには興味が湧かず、見知らぬ静かな街並みを歩くことをよしとして過ごした記憶がある。

バイク（1984年免許取得）は、旅の世界を広げてくれた。母彌生《やよい》にはずいぶん心配をかけたが、大きな事故は起こすことなく、全国各所（全県）に轍を残すことができた。

廃村への旅を続けていくにあたっても、特に目的はなかったが、元住民の方々、同好の仲間などとのやり取りがあって、冊子『廃村と過疎の風景』が生まれた。「ライフワークとして続けていこう」と思ったのは、第2集発行の頃（2006年）である。その後、調査が発展的に継続しているのは、「天からの授かりもの」だからかもしれない。

振り返ると、たどり着くのがたいへんな廃村がよく記憶に残っていた。「行ってみないとわからない」が「行ってみてわかった」に変わるとき、記憶に刻まれるのだ。

筆者は来春（2022年3月）、還暦を迎える。早く『住まなくなっても守りたい』の取材を再開させたいが、同時に今しばらくは、本職（教育関係）と天職（廃村関係）の両立を続けたいと思っている。「二刀流が成立したから長く継続できた」と思うからだ。

廃村は非日常な場所であり、訪ねた時期に起きたこと、出会った人とのことなど、いろいろな記憶がぶらさがりやすい。2001年夏の小俣京丸にはガンで他界した妻くみ子を見舞っていた頃、2015年秋の深沢には父の葬儀、2020年秋の割谷には母との最後のひとときの記憶がぶらさがっている。つらいことがあっても、前向きにとらえて進めば乗り切っていくことができた。廃村を目指す旅は果てしなく続く。

この本の出版にあたっては、多くの方々に力添えをいただきました。御礼申し上げます。改めて、今は亡き父母に生み育てていただいたことを深く感謝いたします。

著者
浅原昭生《あさはらあきお》

職業訓練法人日本技能教育開発センター職員
Team HEYANEKO 代表
1962（昭和 37）年 大阪府堺市生まれ。埼玉県さいたま市在住。
近畿大学大学院化学研究科博士前期課程修了。
中学校、高等学校教師を経て、現在に至る。

〔主な著書〕
・『やさしい工場化学』（日本技能教育開発センター）
・『廃村と過疎の風景』第 1 集～第 10 集（HEYANEKO）
・『廃村をゆく 2』　（イカロス出版）
・『秋田・廃村の記録』（秋田文化出版、共著）
・『日本廃村百選』　（秋田文化出版）

装丁・廃村ページ本文デザインフォーマット
…松村大輔（のどか制作室）
本文 DTP・地図制作…株式会社千秋社
編集…磯部祥行（実業之日本社）

記憶《きおく》に残《のこ》る廃村旅《はいそんたび》

2021 年 11 月 15 日　初版第 1 刷発行

著　者　浅原昭生《あさはらあきお》
発行者　岩野裕一
発行所　株式会社実業之日本社
〒 107-0062 東京都港区南青山 5-4-30
CoSTUME NATIONAL Aoyama Complex 2F
電話【編集部】03-6809-0452
【販売部】03-6809-0495
https://www.j-n.co.jp/
印刷・製本　大日本印刷株式会社

©Akio Asahara 2021 Printed in Japan
ISBN 978-4-408-33990-0（第一アウトドア）

●本書の一部あるいは全部を無断で複写・複製（コピー、スキャン、デジタル化等）・転載することは、法律で定められた場合を除き、禁じられています。また、購入者以外の第三者による本書のいかなる電子複製も一切認められておりません。
●落丁・乱丁（ページ順序の間違いや抜け落ち）の場合は、ご面倒でも購入された書店名を明記して、小社販売部あてにお送りください。送料小社負担でお取り替えいたします。ただし、古書店等で購入したものについてはお取り替えできません。
●定価はカバーに表示してあります。
●実業之日本社のプライバシー・ポリシー（個人情報の取扱い）は、上記サイトをご覧ください。

ハイキングコースのイメージは覆った

金山には2016（平成28）年の秋、妻と2人でレンタカーと徒歩で出かけた。宿泊地の城崎温泉を出発したのは朝9時頃。円山川沿いの道を走り、豊岡市街を通過し、江原《えばら》（旧日高町中心部）からは阿瀬渓谷の案内板をたどって向かった。阿瀬渓谷は紅葉の名所と聞いていたのだが、シーズン前の駐車場にクルマは2台だけだった。

棚田跡の石垣と川の流れ（平成28年10月10日（月））

分校跡には、休憩スペースと案内板がある

集落跡では家屋の敷地や小道、五右衛門風呂が見られた

駐車場から阿瀬渓谷を経て金山までの山道では、歩き始めてすぐに3人組の山歩きの方とすれ違い、「ちわっ」と挨拶したが、それよりも奥では誰にも出会わなかった。「たいへんな道やなあ」といいながら、妻は付き合ってくれた。ただ、見応えがある滝をはじめ、風景を楽しむ余裕はなかったそうだ。月照滝《げっしょう》を過ぎたあたりでは道を見失いそうになるほど荒れていた。

お堂の不動尊に挨拶して、金山手前の三差路を過ぎると、規模の大きな棚田跡の石垣があった。およそ集落があったとは思えない山中だが、しっかり残る石垣は「ここに集落があった」ことを後世に伝えていくのであろう。石積みの階段がある橋を渡って金山に到着したときは、お昼頃になっていた。

クマとは不動尊を過ぎた下りの坂道で遭遇した

三方《みかた》小学校金山分校は、へき地等級4級、児童数6名（昭和34）、1957（昭和32）年開校、62（昭和37）年閉校。昭和初期には炭焼きを生業とする10戸の暮らしがあったが、徒歩交通しかない山中で暮らしが成り立つ時代ではなくなり、62年、最後の一家が下山して廃村となった。分校跡には金山の歴史を記した案内板と四阿《あずまや》が建っており、一角には校舎のものと思われる廃材が集められていた。分校跡で昼食をとってから探索した集落跡は整っており、家屋跡に残る五右衛門風呂が見られた。

駐車場までの帰り道、不動尊のお堂を過ぎた下りの坂道で、黒い猟犬のようなものが進行方向100mほど先の落ち葉が積もる道を横切っていった。猟期にはまだ早く、大きさから考えるとクマに違いなさそうだ。筆者は後を歩く妻に「クマを見たで」と小声で話すと、「この山の中やからなあ」と返事がきた。これほど厳しい山中とも人の気配がないとも思っていなかった。その後の山道は、なるべく賑やかに声を出すよう心がけた。

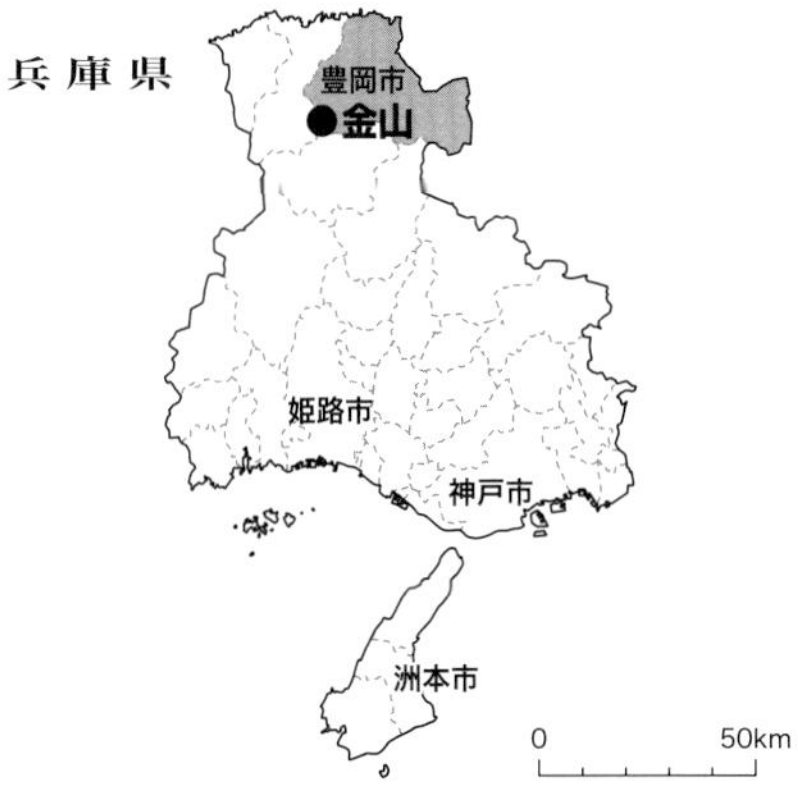

金山は但馬地方北部、神戸からはとても遠い。

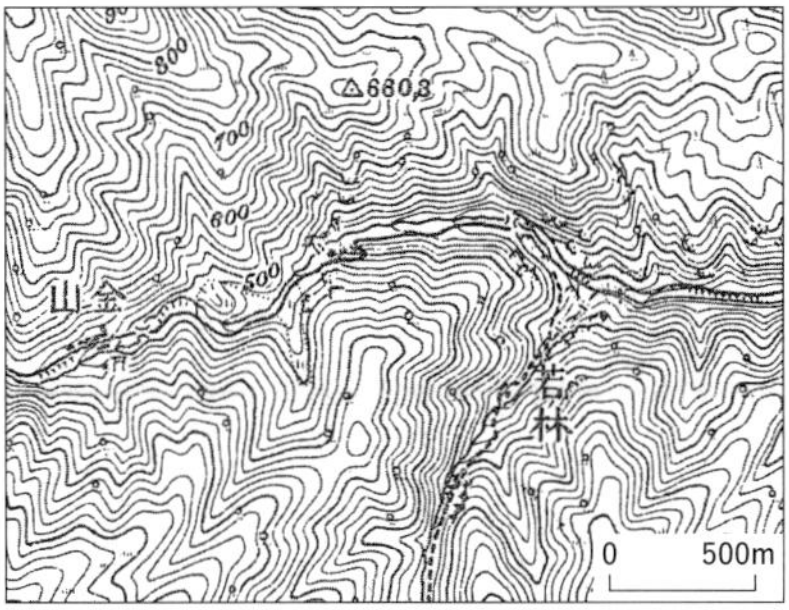

五万地形図 村岡（地理調査所、昭和35）
金山への山道は、往時は生活道だった。

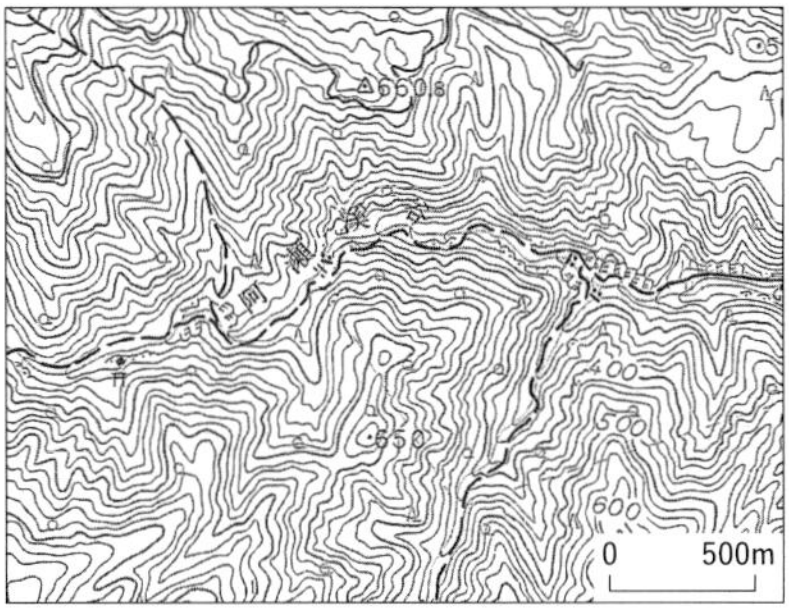

五万地形図 村岡（国土地理院、平成6）
鳥居マークがあるが、神社は未訪となった。

鳥取県

杉《すぎ》森《もり》

父母と訪ねた集団移転があった村跡

鳥取市用瀬町《もちがせちょう》赤波《あがなみ》字杉森

移転年　1975（昭和50）年
戸数　24戸（昭和32）
集団移転【農山村】
標高　294m（分校跡）

累計訪問数　427ヵ所　36

杉森は、千代《せんだい》川水系杉森川上流沿いにあった農山村で、JR鷹狩《たかがり》駅から8km（クルマで16分）。近隣の廃村板井原経由だと智頭《ちず》駅から15km（同34分）である。

高度経済成長期を経て、主に1970年代、行政は積極的に「集落再編成事業」を行った。目的は「中山間地などに分散する小集落を移転統合し、生活環境の整備を図るとともに、就労の場を確保すること」で、国土庁、経済企画庁、県などが事業に着手した。

昭和期の杉森・板井原は製炭業を生業としていたが、エネルギー革命（昭和37年頃）の後は、建設業や工場勤めの者が多くなり、出稼ぎする者も増えていった。児童の寄宿舎生活や、積雪期の交通の不便さもあり、1969（昭和44）年頃から自主的な集団移転の機運が高まった。そして73年、国の山村振興の予算を使った集団移転計画が立ちあがり、75年4月、両集落の新しい住宅地である鷹狩旭丘への集団移転が実現した。

移転先の秋まつりに参加することができた

初めての杉森は、２０１１（平成23）年の秋、金婚式祝いの岡山・鳥取２泊３日の旅で両親とともに出かけた。両親の新婚旅行の行先は、岡山と鳥取。岡山・奥津《おくつ》温泉ではその時泊まった旅館に51年ぶりに泊まることができた。鳥取砂丘は新婚旅行では立ち寄っておらず、その後母は来たことがあるそうだが、父は「今回が初めて」と話していた。

杉森・離村記念碑と家屋（平成23年10月3日（月））

碑のそば、輪郭を残して壊れた家屋（平成27年8月8日（土））

鷹狩旭丘の花籠祭りに参加する（平成28年10月8日（土））

鳥取砂丘を出発し、国道53号を鷹狩駅前まで走り、国道482号、県道とつなぎ、狭い枝道を上がっていくと、左手に古びた土蔵が見えてきた。興徳小学校（のち用瀬小学校）杉森分校は、へき地等級2級、児童数14名（昭和34）、1879（明治12）年開校、1975（昭和50）年休校、79年閉校。分校跡は土蔵のそば、駐車場は土蔵より少し先で、そこには「杉森の郷」と記された離村記念碑が建っていた。碑には、「昭和50年4月離村17戸 平成13年12月吉日」と刻まれており、往時の規模、離村時期が一目でわかる。母には、廃村に「薄暗くて気持ちが悪い」というイメージがあったようだが、いくらか和らいだのではないだろうか。碑の前では、父母、筆者と分けて記念写真を撮った。

二度目は、2015（平成27）年の夏、単独で出かけた。離村記念碑横の家屋は崩れてガレキになっていた。4年前、両親と記念写真を撮った場所だけに、時の流れを強く感じた。駐車場の少し先の未舗装道沿いには、かろうじて輪郭を残して壊れた家屋が建っていた。杉森・板井原は雪深く、「近々ガレキになるんだろうなあ」と思った。

三度目で見つけた神社跡の社殿（平成28年3月27日（日））

三度目は、２０１６（平成28）年の春、同人誌制作仲間の武部将治《まさはる》さん（岡山市在住）と一緒に出かけた。春とはいえ、新緑の季節を前にした廃村は枯れ色一色だ。山仕事に来ていた地域の方と出会い、話をうかがえたおかげで、「どこにあるのだろう」と気になっていた杉森神社の跡を、道なき道をたどるハードな探索で見つけることができた。

移転地の鷹狩旭丘には、２０１６年の春と秋、取材のために出かけている。秋の旅では、妻と武部さんの３人で花籠祭りに参加した。これまで3回は、杉森・板井原とセットで訪ねたのだが、このときは板井原にしか行くことができなかった。

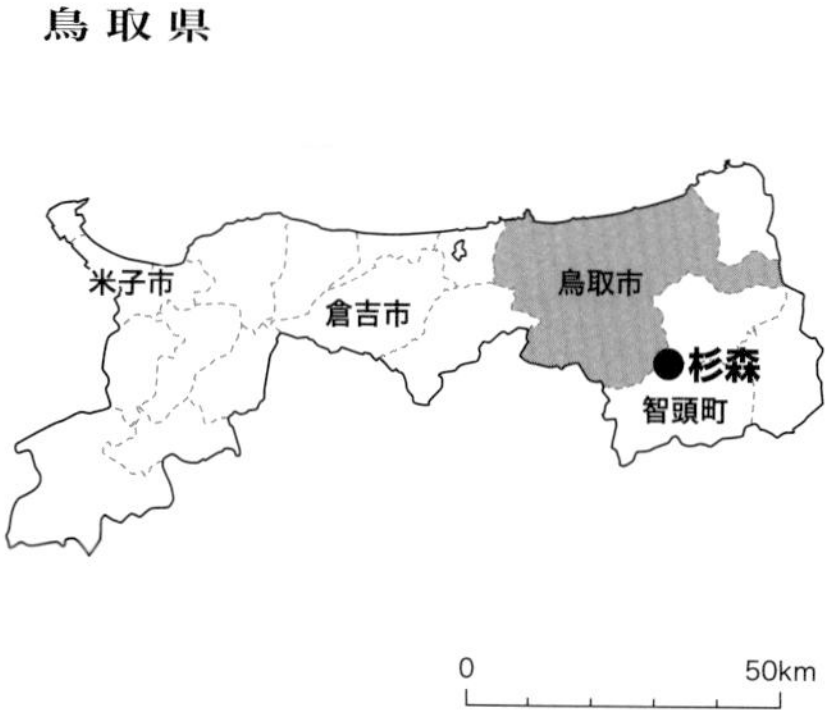

杉森がある鳥取県東部は、因幡と呼ばれる。

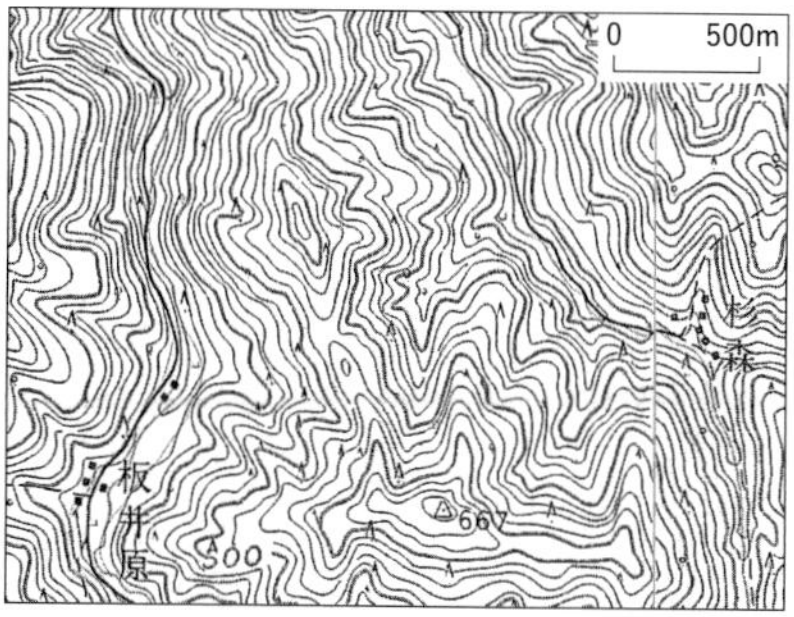

五万地形図 智頭（昭和43）、坂根（昭和43）
杉森と板井原は、地勢も規模もよく似ている。

五万地形図 智頭（平成20）、坂根（平成15）
移転後の地形図のほうに鳥居マークが記されている。

広島県

八田原《はったばら》

梅雨入り時に訪れた駅があったダム廃村

世羅《せら》郡世羅町
小谷《おたに》字八田原

移転年　1982（昭和57）年
戸数　20戸（昭和31）
ダム建設のため移転【農山村】
標高　203m（湖底分校跡）

累計訪問数　399ヵ所　37

八田原は、瀬戸内海に注ぐ芦田川の本流中流域にあった農山村で、八田原ダムの建設により集落跡は水没している。JR河佐《かわさ》駅から湖畔の大霊社《だいれいしゃ》まで4km（クルマで8分）、八田原ダム堤体、民俗資料館経由で5km（徒歩1時間30分）である。

わが国のダムは、全国各地に約3000ある。ダム堤体は、両岸に山が迫った部分に作られるので、その上流部に集落がある場合、移転が必要になる。廃村千選の1050ヵ所の廃校廃村のうち、ダム建設関係は138ヵ所にのぼる。

しかし、鉄道の駅があった場所が水没した例は数少なく、駅があった廃校廃村は、鹿島、鹿島千年《ちとせ》、滝里《たきさと》、鹿越《しかごえ》（以上北海道）、大荒沢《おおあらさわ》（岩手県）、そして八田原の6ヵ所である。JR福塩《ふくえん》線八田原駅は1963（昭和38）年開業。集落の移転後、89（平成元）年4月廃止。線路は新線に切り替えられた。八田原ダムは97（平成9）年に竣工した。

駅があった廃村には、鉄道で出かけた

八田原には、２０１１（平成23）年の梅雨入り時に出かけた。羽田発の飛行機が広島空港に到着したのは朝８時10分。曇り空の下、まず、空港建設によって移転した戦後開拓集落用倉《ようくら》（昭和62年離村）の跡地を探索した。空港からはリムジンバスに乗って、福山手前の山陽道千田《せんだ》バス停で降りて、福塩線で最寄りの横尾《よこお》駅まで１kmほどの道を歩いた。

八田原・線路跡とダム堤体（平成21年5月27日（金））

ダム堤体のそばに水没記念碑が建つ

駅名標が郷土民俗資料館に移設されていた

横尾から府中駅までは電車、府中からはディーゼルカーに乗って、河佐駅に到着したのは午後12時27分。小さな無人駅で、駅前には昔ながらの商店があった。河佐から八田原ダムへ続く道は峡谷（河佐峡）になっており、気分よく歩くことができる。福塩線新線の八田原トンネルのそばからは、旧線を利用した歩道が整備されており、枕木が敷き詰められた歩道は遊び心をくすぐる。パークゴルフ場の先には八田原ダムの堤体がそびえ、歩道は堤体横のトンネルで終わっていた。

ダム堤体中のエレベーターを使ってダム湖（芦田湖）畔に上がり、しばらく歩くと水没記念碑が建っていた。碑には「国は、昭和44年に治水・利水を目的としたダム建設を計画した。民家48戸が湖底に沈み、住み慣れた墳墓の地を失うことに涙するも、時代の流れにはいかにもしがたく、昭和57年3月にこの里を離れることとなった」と記されていた。碑のあたりから弱い雨が降り始め、離村記念碑から先は傘をさしながらの探索となった。

旧集落水没地に近い湖畔に建つ大霊社（御中主神社）

民俗資料館の敷地には、八田原の駅名標が立っていた。住民の陳情が実って開設された

駅だが、集落の移転後も7年存続した。また、伊尾小学校八田原分校は、へき地等級1級、児童数11名（昭和34）、1948（昭和23）年開校、64（昭和39）年閉校。駅の開設と分校の閉校は関係がありそうだ。

資料館からは、国道184号の宇津戸下バス停まで、7km歩いた。本降りとなった雨の中立ち寄った神社は車道から湖へと下った場所にあり、入口には「関係者以外立入禁止」という札があった。神社より先のダム湖のほとりには「個人の山林です。山への立入りはできません」という立て札が随所に見られ、寒々とした気持ちで先を急いだ。

八田原がある広島県東部は、備後と呼ばれる。

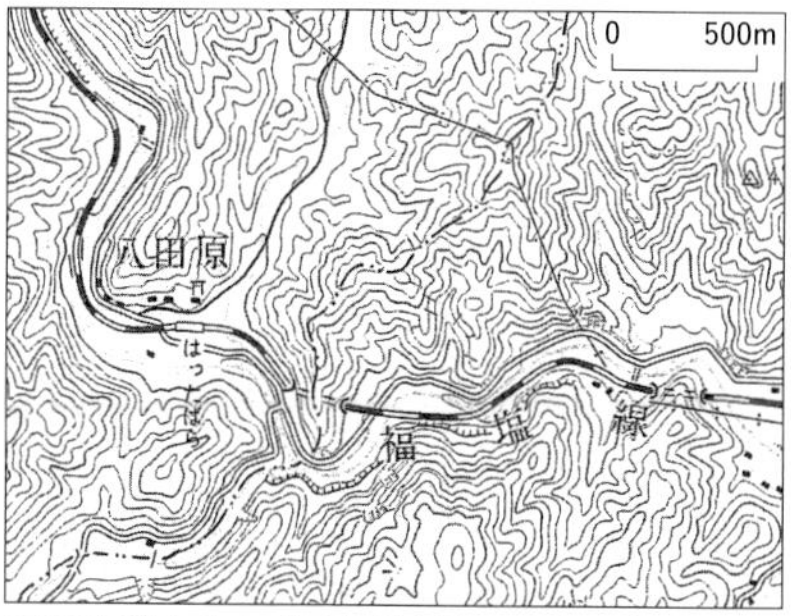

五万地形図 府中（国土地理院、昭和42）
八田原駅は、現ダム堤体から600m先にあった。

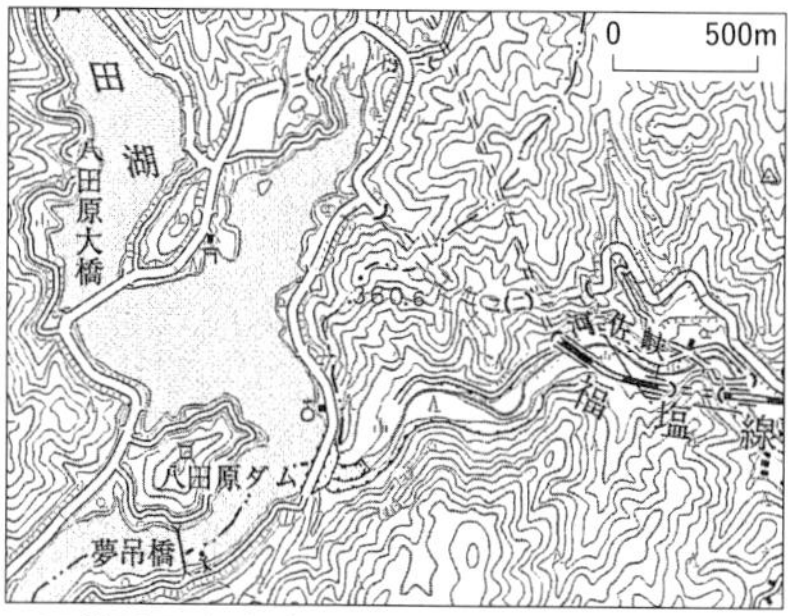

五万地形図 府中（国土地理院、平成12）
駅跡（ダム湖底）と神社の標高差は40mある。

山口県

右穴ヶ浴《うなががえき》

岩国市錦町
広瀬字右穴ヶ浴

テレビロケでも訪ねた寺があった村跡

移転年　1975（昭和50）年頃
戸数　9戸（昭和36）
個別移転【農山村】
標高　430m（寺跡）

累計訪問数
393ヵ所
38

右穴ヶ浴は、錦川の本流中流域にあった農山村で、錦川鉄道錦町駅《にしきちょう》（広瀬）から9km（クルマで25分）。平瀬ダム建設工事により、予定地付近の道筋は変わっている。

文化庁の「宗教統計調査」（令和2年度）によると、わが国の神社（神道系）の総数は約8万5000社、寺（仏教系）は7万7000院という。県別では、神社は新潟県、寺は愛知県がいちばん多い。しかし、神社（跡を含む）が多くの廃村で見かけるのに対して、寺（跡を含む）はあまり見ない。本書で取り上げた50ヵ所の廃村のうち、寺関係の施設があったのは、角海浜《かくみはま》、熊河《くまのこ》、今畑、端島《はしま》、そして右穴ヶ浴などの約10ヵ所である。

浄土真宗本願寺派明専寺《みょうせん》は、1602（慶長7）年創建。10を超える山間集落の門徒衆が心の拠り所とした。しかし、高度経済成長期を経て、通勤ができない山中の各集落は活気を失い、1975（昭和50）年3月、明専寺は広瀬の善教寺《ぜんきょう》と合併した。

村で生まれ育った住職に話をうかがった

初めての右穴ヶ浴は、2011（平成23）年の春、島根県、山口県の廃村を訪ねる1泊2日の旅で、探索仲間の榊原幸春さん（島根県在住）とともに出かけた。

道は、手前の集落 高木屋《たかごや》（平成20年頃離村）から少し先で未舗装となり、クルマは集落のやや手前までしか入れなかった。雑草に覆われた頼りない山道を歩くと、家跡のガレ

村跡にチューリップが咲く（平成23年4月24日（日））

再訪時、寺跡を見つける（平成24年4月7日（土））

三度目の訪問後、善教寺を訪ねる（平成25年6月29日（土））

キが行く手を遮るように積もっていた。一段低くなった平地には草に覆われた土蔵が見当たり、その手前の荒れ地の真ん中には小さいけれど目立つ赤い花が咲いていた。確認するとと花はチューリップで、「離村の頃から咲き続けているとすればすごい生命力だ」と思った。この探索では、寺の跡は見つからなかった。

二度目は、翌2012（平成24）年の春、榊原さん、めいこさん（宮崎県在住）と3人で出かけた。チューリップがどうなっているか気になって草原を見渡したが、スイセンしか見つけることはできなかった。しばらくすると、藪こぎをしていた榊原さんから「寺の参道が見つかった」という声が上がった。声を追いかけてめいこさんと道なき道をたどっていくと、そこにはコンクリート造りの草生した参道が続いていて、その先には風変わりな飾りがついた山門が構えていた。寺の建物は残っていなかったが、片隅に「光暁山 明専寺跡」（昭和54年建立）という石碑が建っていたので、碑と一緒に記念写真を撮った。

広瀬・善教寺に明専寺合併記念碑が建つ（平成25年6月）

三度目は、翌2013（平成25）年の梅雨の合間、広島ホームテレビの『ホビーの匠』

という番組のロケで、中島尚樹さん（進行役）、榊原さん、番組のスタッフなど6人で訪ねた。まず、道なりの山道から寺跡を目指したが、茂みが深く断念した。改めて上り傾斜の山道を選び、草をかき分けて進むと、参道が見つかった。

帰路、ロケ車のパンクというアクシデントがあったため、広瀬の善教寺に着いた頃には日は暮れ始めていた。岡崎公隆《こうりゅう》住職は、明専寺最後の住職の子息にあたる。往時の写真の中の明専寺の鐘（昭和30年再鋳）は、善教寺に受け継がれていた。スタッフが現地で見つけて気にしていたブロック塀は、「タバコの葉の貯蔵庫だった」ことがわかった。

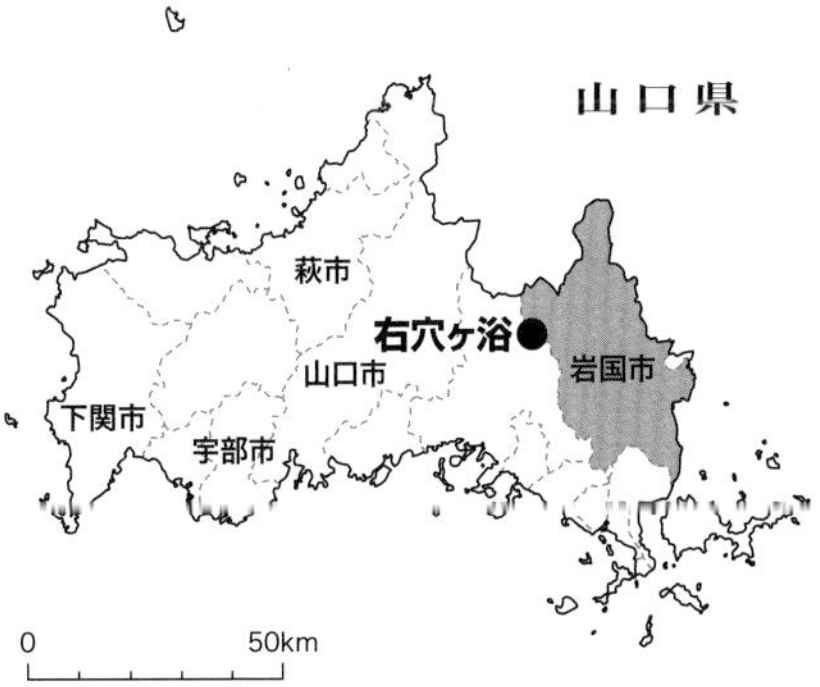

右穴ヶ浴がある山口県東部は、周防と呼ばれる。

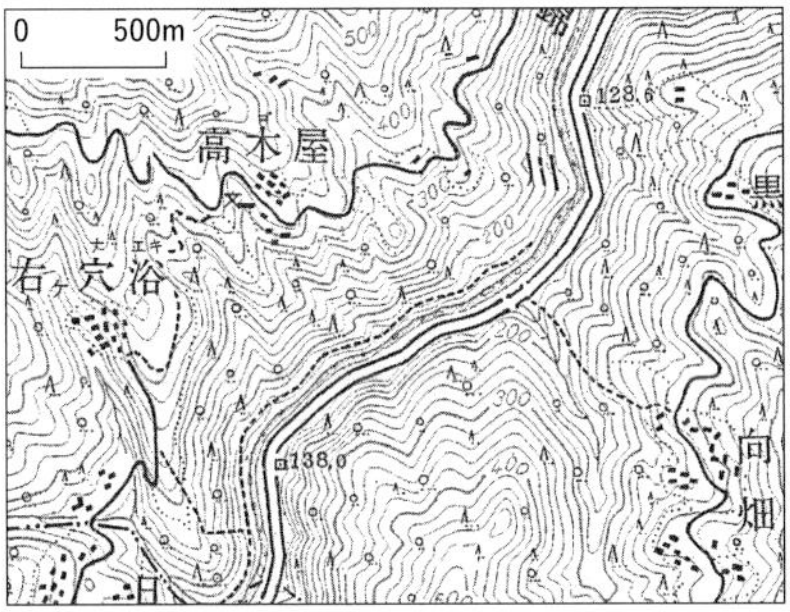

五万地形図 鹿野（地理調査所、昭和34）
錦川の谷を挟んで「左近桜」の向畑がある。

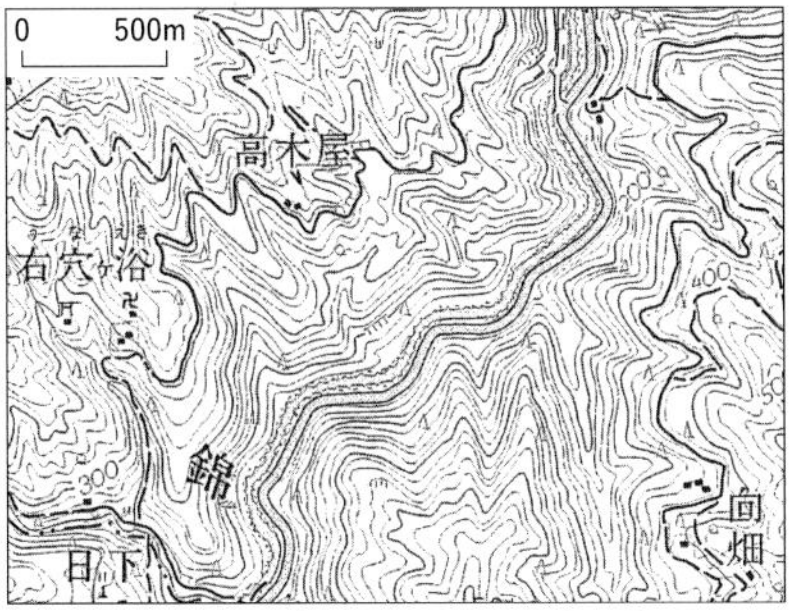

五万地形図 鹿野（国土地理院、平成15）
移転後の地形図のほうに寺マークが記されている。

山口県

尾《お》島《しま》

リベンジで上陸できた日本海の離島

萩市尾島

移転年　1972（昭和47）年
戸数　10戸（昭和35）
集団移転【離島】
標高　5m（分校跡）

累計訪問数 866ヵ所　39

尾島は、日本海の萩諸島にあった離島集落（半農半漁）で、萩漁港から11㎞（船で30分）。面積は0・22平方㎞。萩諸島は大島、相島《あいしま》、見島《みしま》など七島からなるが、羽島《はじま》と尾島では高度経済成長期後期に集団移転が行われた。

高度経済成長期の頃、尾島の主な生業は農業（タバコの生産）だった。集団移転の1年後、島の民有地は民間企業が購入したが、これに伴う開発は行われていない。

島国日本の離島全体の様子は、『SHIMADAS』（日本離島センター刊）にまとめられている。海上保安庁が1987（昭和62）年に発表した日本の島（本州等主要5島を除く）の総数は6847島。うち、『SHIMADAS』（令和元年版）が取り上げているのは無人島を含む1750島。離島振興法など四つの法が指定している有人島（平成29年）は302島。「廃村千選」では離島の廃校廃村を46ヵ所取り上げている。

タバコ畑跡の台地は緑で埋もれていた

萩諸島・尾島、櫃島《ひつしま》、羽島をめぐる探索の旅は、２０１８（平成30）年の春を実行予定とした。メンバーは榊原さん、二木《ふたつぎ》徹《とおる》さん（東京都在住）、亀山尚雄《ひさお》さん（地元山口県在住）など計６人。しかし、春の日本海の波は荒いことが多く、海がしけたら島に行くことはできない。当日朝の天候は曇、西風が強く、波の高さは２・５ｍ。萩漁港には釣り船

尾島・石積みの堤防に上陸（平成31年4月14日（日））

かろうじて持ちこたえる赤瓦の分校跡校舎

緑に埋もれた神社跡に残る「大蔵宮新築之碑」

「のんちゃん丸」の船長が待っていてくれたが、突堤に吹く風は強く、「ダメだ」と諦めがついた。この日は備えておいた代替案、島根県益田市近辺の廃村探索を行った。

　リベンジの旅は、２０１９（平成31）年、やはり草の勢いが弱い春を実行予定とした。メンバーは７人に増えた。当日朝の天候は曇で、吹く風は南風のため暖かい。波の高さは１ｍでひと安心。萩漁港では船長と1年ぶりに再会。13名乗りの船には舳先から乗り込んだ。萩諸島の島々は火山性玄武岩からなるため、周囲は海食崖、真ん中は扁平な台地になっている。また、島々の港は、北風を避けるためすべて島の南側にある。

校舎の教室、廊下などに、往時の雰囲気が残っていた

　漁船は荒れた尾島港には入らず、皆は石積みの堤防につけた舳先から上陸した。島の探索予定はおよそ2時間。校舎が残る分校跡は、港の西側にある。相島小学校尾島分校は、へき地等級5級、児童数16名（昭和34）、１８８５（明治18）年開校、１９６５（昭和40）年閉校。校舎のうち海に近い部分は崩壊しており、山に近い部分もガレキだらけになっていたが、教室、廊下、トイレなど、往時の様子がよくわかった。校舎の裏側を少し進むと、

墓石を見つけることができた。

続いて港のほうに足を運ぶと、岸壁は崩れていて、集落跡は藪に埋もれていた。「地理院地図」Ｗｅｂの地形図には岸壁から１kmほどの台地上に鳥居マークが記されており、目指して行くにはちょうど良い。５名で藪をかき分けてたどった往時の道に、笹や竹がわずかだったのは幸いだった。２回ほど切り返し、たどり着いた緑に埋もれた台地の上を心当たりの方向に進むと、「大歳宮新築之碑 昭和三年」と刻まれた石碑が見つかった。神社跡には手水《ちょうず》鉢、鳥居、本殿など、思いがけず多くのものが残っていた。

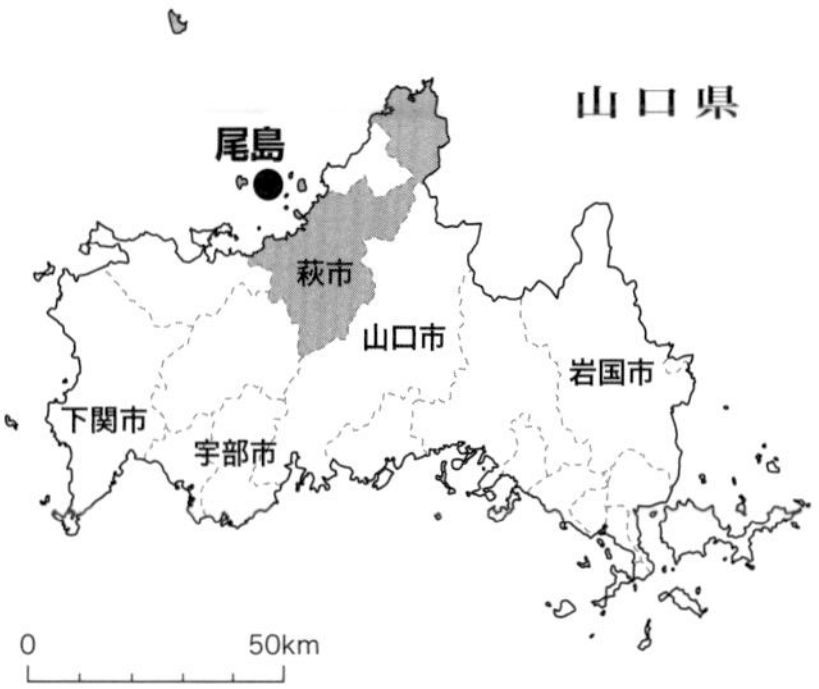

尾島がある山口県西部は、長門と呼ばれる。

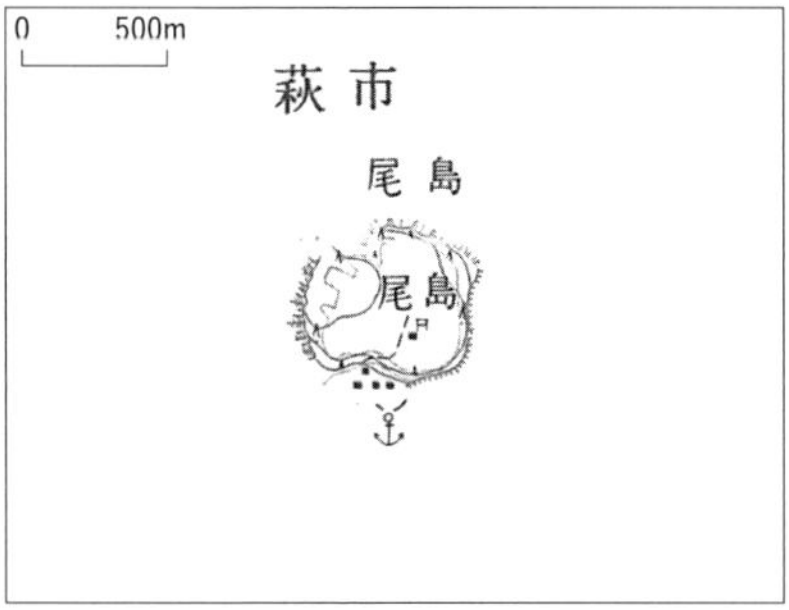

五万地形図 相島（昭和42）、萩（昭和42）
尾島分校の本校所在地 相島は、西側6kmにある。

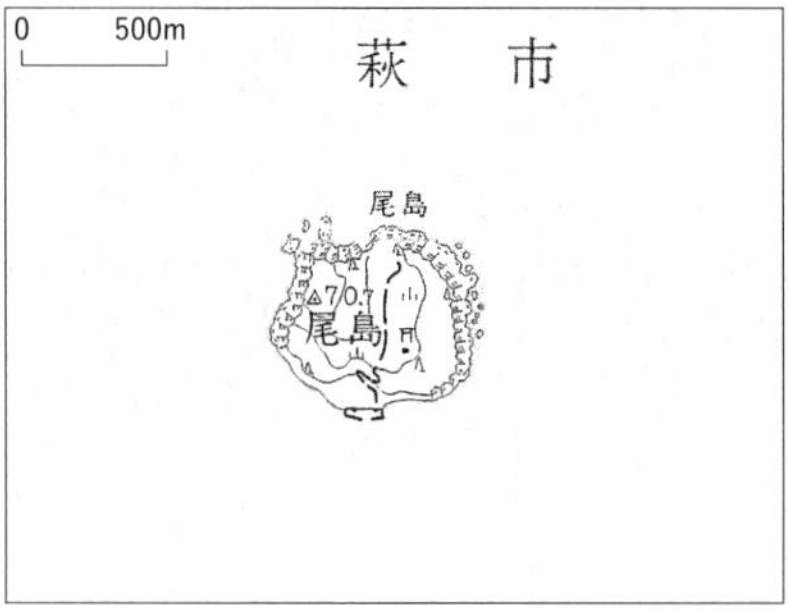

五万地形図 相島（平成15）、萩（平成11）
大歳神社の碑は、後世まで残ることだろう。

愛媛県

今宮《いまみや》

西条市中奥《なかおく》字今宮

神社の大祭で賑わった旅籠町

移転年　1984（昭和59）年
戸数　33戸（昭和30）
個別移転【旅籠町】
標高　627m（分校跡）

累計訪問数 166ヵ所 40

今宮は、瀬戸内海に注ぐ加茂川上流域、石鎚《いしづち》山の中腹にあった旅籠町で、JR伊予西条駅から25㎞（クルマで55分）だが、林道今宮線の状態は良くない。

西日本一の標高（1982m）を誇る石鎚山は、山岳信仰の拠点として広く知られている。山頂に近い石鎚神社・成就《じょうじゅ》社にお参りするにはロープウェイ（昭和43年開通）が使われているが、それまでは山道が使われていた。麓の小集落 河口《こうぐち》からは今宮道、虎杖《いたずり》からは黒川道という登拝道が出ていて、中腹には今宮、黒川（旧石鎚村の集落の一つ）という旅籠町があった。宿は石鎚神社の大祭（7月1日〜10日）のための季節宿で、全国から信者が集い、それぞれ「10日の間に延べ1万人の宿泊客がいた」といわれるほど繁盛したという。日常的には焼畑農業や林業を生業としていた。しかし、ロープウェイの開通後、登拝道は急速に廃れ、黒川は80年頃、今宮は84年に廃村となった。

9ヵ月遅れの愛媛行きは、2人旅となった

２００４（平成16）年のＧＷ、大阪南港発のフェリーが東予《とうよ》港に到着したのは朝６時10分。妻 恵子と2台のバイクで走る四国ツーリングは４泊５日、最終日には徳島からフェリーで東京・有明埠頭へ向かう計画を立てた。この日の宿は河口の「関門旅館」。ご主人は、前年の夏に足を痛めてキャンセルした妙な旅人のことを覚えていてくれた。

今宮道・廃屋を見つける（平成16年5月1日（土））

今宮・旅籠跡の廃屋が残る（同5月2日（日））

集落跡には、手入れされている感があった

今宮には、旅館の真正面に入口がある今宮道を２人で歩いて目指した。入口の「愛国」「敬神」という石柱に挨拶し、スギ林の中の薄暗くて急な山道を登り、20分ほどでお堂があって小休止。お堂の裏には「今宮王子」「黒川王子」という二つの祠があった。お堂を後にして、続く山道にはウツボカズラや竹の子が生えており妻も楽しそうだ。

やがて苔むした石垣が見え始め、お堂から15分ほどで最初の廃屋に到着した。廃屋の奥には「四手坂《しでざか》王子」という祠があった。高嶺《たかみね》小学校今宮分校は、へき地等級２級、児童数20名（昭和34）、１９１１（明治44）年開校、72（昭和47）年閉校。分校があったということで、今宮の規模は大きそうだが、四手坂王子からかなり先に進んでもその気配が感じられないため、河口へ戻ることになった。

翌日、「ここはおさえておきたい」と朝６時に起きて、単独で林道を走って再び今宮を目指した。林道は未舗装で、オンロードバイクで行かないのは正しい判断だった。林道沿いの旅籠の廃屋の近くにバイクを止めて周囲を探索すると、小１時間の間に２軒の旅籠を含む６軒の廃屋を見つけることができた。予想通り今宮の集落跡の規模は大きく、特に道

再訪で見つけた分校跡校舎（平成30年11月4日（日））

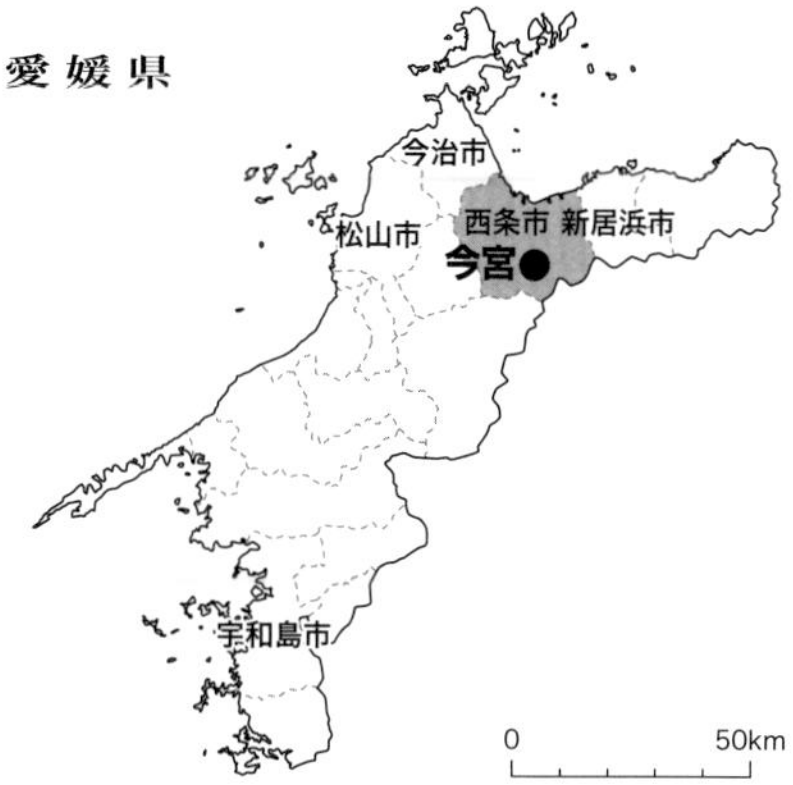

今宮は石鎚山の中腹だが、海からも遠くない。

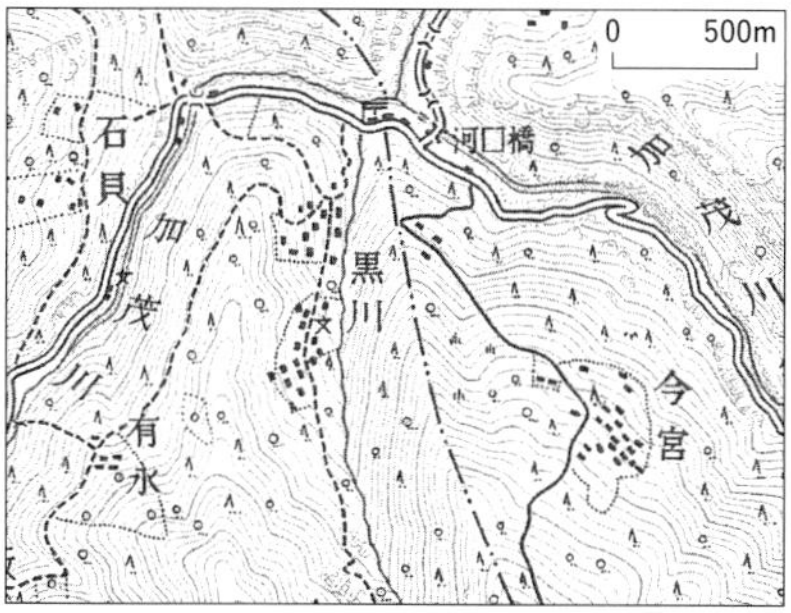

五万地形図 石鎚山（国土地理院、昭和34）
今宮と黒川の間には深い谷（黒川谷）がある。

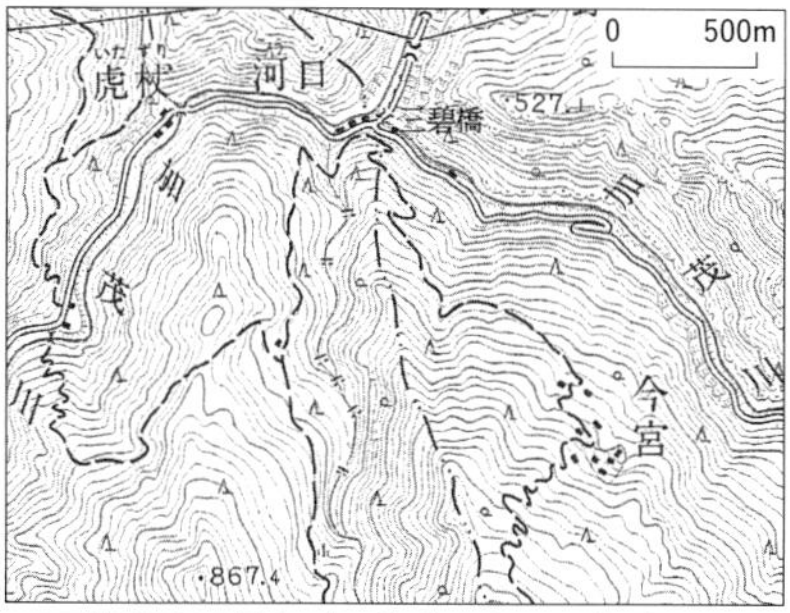

五万地形図 石鎚山（国土地理院、平成８）
平成７年頃、旧石鎚村は行政村の廃村となった。

の右手斜面に見つけた旅籠の廃屋は、「新しい山荘ではないか」と思わせるほど綺麗に残っており、往時の今宮の繁栄を垣間見ることができた。

廃村探索の発展的な継続は、理解ある妻のおかげといえる。バイクは２０１４（平成26）年と翌15年に手放したが、妻との廃村への旅は年に一度は続けている。

２０１８（平成30）年秋、14年ぶりに単独で今宮を再訪した。前回わからなかった分校跡校舎は、集落跡の奥のほうで見つかった。木々が育って暗さが増し、人が出入りしている感は極めて薄くなっていた。

愛媛県

比岐島《ひきじま》

船着場で鯛めしを食べた瀬戸内の離島

今治市今治村比岐島

移転年　2010（平成22）年頃
戸数　13戸（昭和35）
個別移転【離島】
標高　3ｍ（分校跡）

累計訪問数
715ヵ所
41

比岐島は、瀬戸内海・燧灘《ひうちなだ》の来島《くるしま》群島にある離島集落（半農半漁）で、今治港から7km（船で25分）。面積は0・30平方km。来島群島は来島、小島、馬島《うましま》、比岐島の四島からなるが、どの島も面積は0・5平方km以下、人口は50名以下である。

群島で唯一来島海峡から離れている比岐島は、孤島の感が強い。今治と島を結ぶ定期船は1970（昭和45）年に廃止された。今治にも家を持つ島の住民は、自家用船で島との間を行き来したが、暮らしに費やす時間は少しずつ島から今治へと移っていった。

ところで、廃村探索における昼食といえば、コンビニのおにぎりもしくは菓子パンの場合が多い。お店に入ってラーメンを食べることができたら十分ぜいたくだ。屋外ならば、カップラーメンもまたうまい。まして無人の島で炊きたての鯛めしを食するなんて、夢のような話かもしれない。

個人宅にお邪魔したような緊張感があった

比岐島、四阪《しさか》島、津島をめぐる探索の旅は、2017(平成29)年の春に実行した。メンバーは榊原さん、二木さん、上野友治《ともじ》さん(地元愛媛県在住)の計4人。探索当日朝、今治港第三埠頭に着くと、遊漁船「潮風」の船長が支度をしていた。定員7人の小さな漁船で、7時間・50kmの長い船旅。皆で船長に「よろしくお願いします」と挨拶した。

比岐島・船着場そばに家々が建つ(平成29年4月9日(日))

サクラを背負った分校跡校舎とトーテムポール

三島神社では風変わりな狛犬が迎えてくれた

地図上で小さな島も、近づいていくと存在感が増してきた。上陸したところ、船着場の間近に唯一使われている家が見当たった。この家の方（早瀬さん）には事前に手紙を出したが、この時はお留守だった。家々は船着場のそばに集まっているが、堤防沿いの小道は自転車が通ることもなさそうだった。

美《み》須《す》賀《か》小学校比岐島分校は、へき地等級5級、児童数16名（昭和34）、1901（明治34）年開校、79（昭和54）年閉校。集落の東側にある分校跡を訪ねたところ、花を咲かせたサクラを背負った木造平屋の校舎が建っていた。皆が校舎の中を探索しているとき、筆者は分校跡と向き合った岸壁に座って、校舎とトーテムポールを眺めていた。分校跡の隣、高台にある三島神社は展望はよくないが、社殿は新しく整っていた。脇には妙な顔をした狛犬が構えていた。神社裏の山手には、太陽光発電パネルと三角点があった。

続いて、集落の西側の歩道を行けるところまで歩いた。集落のはずれには「比岐発電所」という標札がある小屋（自家発電所）があって、扉を開けるとディーゼルの発電機が

「潮風」の船長と筆者。背景は四阪島
（二木徹さん撮影）

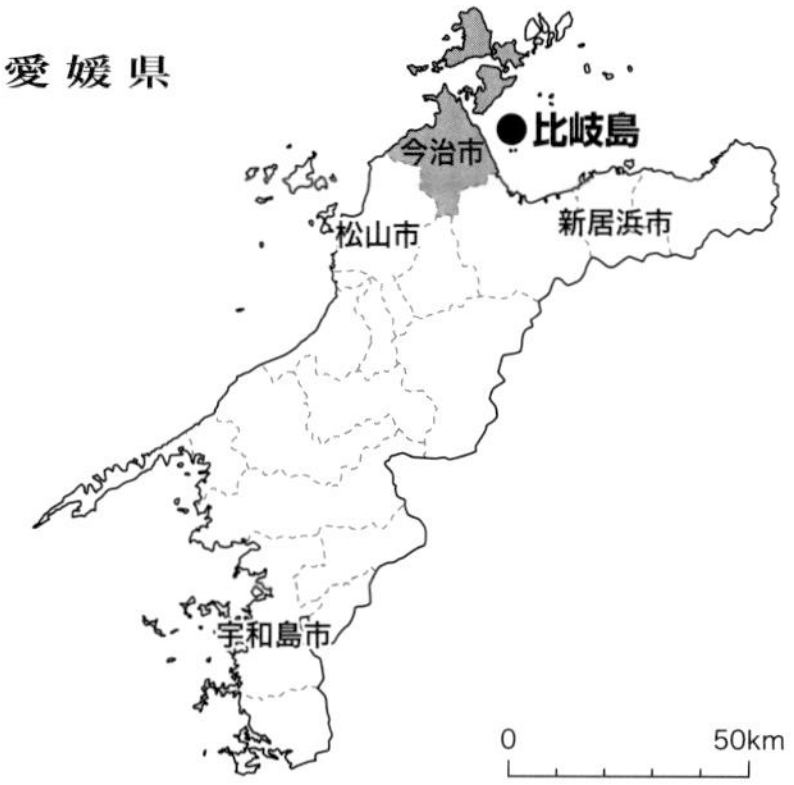

広島と愛媛の間の島々は芸予諸島とも呼ばれる。

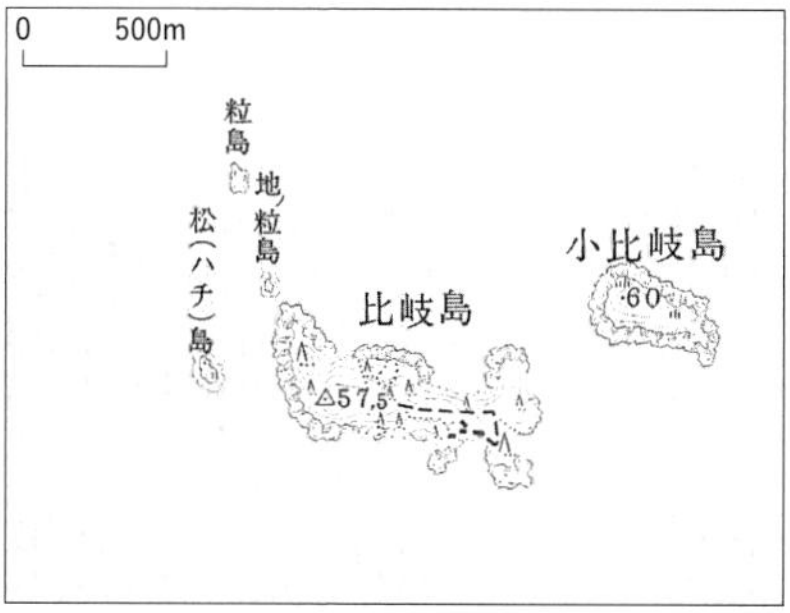

五万地形図 今治東部（国土地理院、昭和39）
残念ながら「文」マーク、神社ともに記載がない。

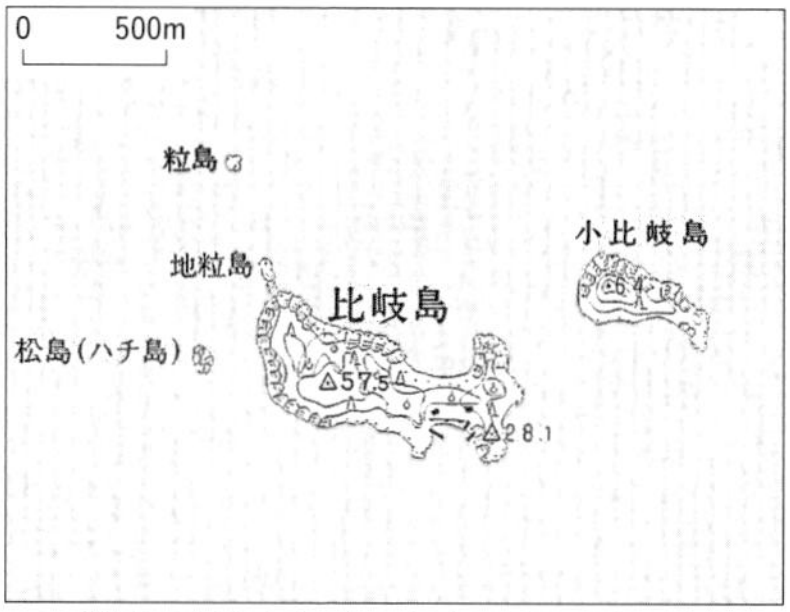

五万地形図今治東部（国土地理院、平成19）
歩道が消えて、人の営みも消えたように見える。

備えられていた。所々にミカン畑が広がる小道を歩き、島いちばんの高所（標高58ｍ）にある灯台にも立ち寄ったが、あいにく見晴らしは悪かった。

２時間半ほどの探索の間に潮風の船長は、船の中で鯛めし、鯛のあら汁をつくってくれていた。船着場に座って食する鯛めしは、記憶に残る美味しさだった。

島では瀬渡しの釣りの方以外は誰にも出会わなかった。しかし、出航の後、北東方向の四阪島へ向かう船上から、仕掛け漁をしている早瀬さん親子に、遠目からだがお会いすることができた。筆者は「おじゃましました」と頭を下げた。

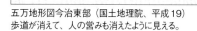

高知県

竹屋敷《たけやしき》

うつろな空気に包まれた平成後期の廃村

安芸郡北川村竹屋敷

移転年　２０１７（平成29）年
戸数　27戸（昭和35）
個別移転【離島】
標高　４９２m（学校跡）

累計訪問数　917ヵ所　**42**

竹屋敷は、土佐湾に注ぐ奈半利《なはり》川水系小川《おがわ》川上流沿いにある農山村で、土佐くろしお鉄道奈半利駅から39km（クルマで1時間30分）。昭和初期から中期までは、奈半利から竹屋敷の２km上流部にあった魚梁瀬《やなせ》営林署の事業所まで、森林鉄道が通じていた。

昭和期（主に高度経済成長期後期）の廃村は、集落再編成事業に代表されるように、家々がまとまって移転する例が多くあった。これに対して平成期（主に人口減少期）の廃村は、高齢化の進行により、個別に移転する場合が大半を占める。１９５５（昭和30）年頃の竹屋敷は、林業や製炭業を生業とした集落だったが、高度経済成長の波をかぶり戸数は激減、84（昭和59）年には7戸12名になっていた。集落は平成期になっても存続したが、高齢化した住民は少しずつ移転し、２０１７（平成29）年4月、最後の住民が移転した。余力のない集落跡は顧みられることなく、朽ちるに任せる状態になった。

村跡へと続く道は通行止になっていた

竹屋敷には、2020(令和2)年の年始め、高知県東部への1泊2日の旅で出かけた。当日は、朝一番に単独で室戸市段《だん》(昭和46年離村)を、続いて探索仲間の大原一宏さん(地元高知県在住)と中峯《なかみね》(昭和38年離村)を訪ねた。奈半利市街で大原さんと分かれ、北川村に入り、昼食は走るクルマの中でビスケットをつまんで済ませた。

竹屋敷・廃車が並ぶ集落跡の道(令和2年1月12日(土))

錆びついた「こどもの道」の標識

地籍調査のピンクリボンが、集落跡各所に貼られていた

奈半利川に沿った国道493号は改良区間もあるがクネクネしていてなかなか先に進まない。村道との三差路からでも竹屋敷は9㎞もある。「奥深い場所だなあ」と思いながら先へと進むと、だんだん路面はあやしくなって、1㎞手前で「全面通行止」の案内板に行く手を阻まれた。思いがけない展開だが、歩いて行く以外に手だてはない。

15分ほど歩いたところ、道には落石などの大きな障害はなく、竹屋敷にたどり着いた。多くの家々が建つ集落跡に人の気配はまったくなく、道には廃車が並んでいる。中心部、元商店の建物には「高知新聞 購読申込所」のホーロー看板が残っていた。「うつろな感じとはこのことをいうのかな」と、筆者は思った。

菅《すげ》ノ《の》上《うえ》小学校竹屋敷分校（のち竹屋敷小学校）は、へき地等級4級、児童数47名（昭和34）、1889（明治22）年開校、1975（昭和50）年閉校。商店前で分岐した枝道の坂を上っていくと、校舎の基礎や壊れたブランコ、関係の建物が迎えてくれた。葉がない木々が斜めになっていることから、年によっては深い積雪があることを想像した。各所に貼られた地籍調査のピンクリボンが、よいアクセントを与えていた。

菅ノ上・かつてのバス待合所には人形が集まっていた

探索では、錆びついた「こどもの道」の標識、神社へ続いていた落ちた吊り橋、荒れた集落の道に燈る外灯と、インパクトが強いものが次々と現れた。神社（杉尾神社）には探索の終盤、商店そばの橋を渡り、回り込むようにして足を運んだ。社殿は傷んでいたが、鳥居や階段、狛犬はしっかりしていた。

帰り道、手前の集落 菅ノ上の道沿いの建物に人の姿が見えた。クルマを停めて確認したところ、建物はかつてのバス待合所で、人は人形だった。もうここにバスが来ることはなく、人が集うこともない。「時代は後戻りできない」、しみじみと筆者は思った。

高知県東部の竹屋敷は、徳島県境にほど近い。

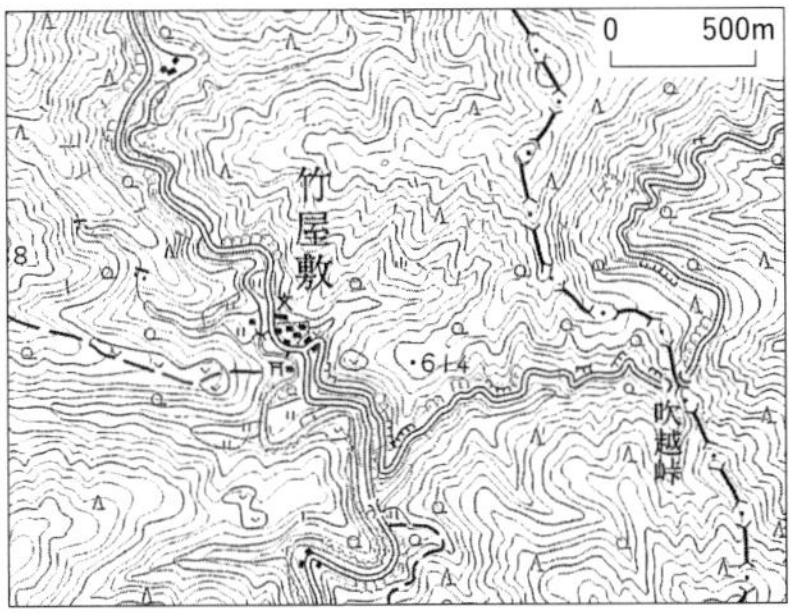

五万地形図 馬路（国土地理院、昭和48）
森林鉄道の車道化は、昭和33年に行われた。

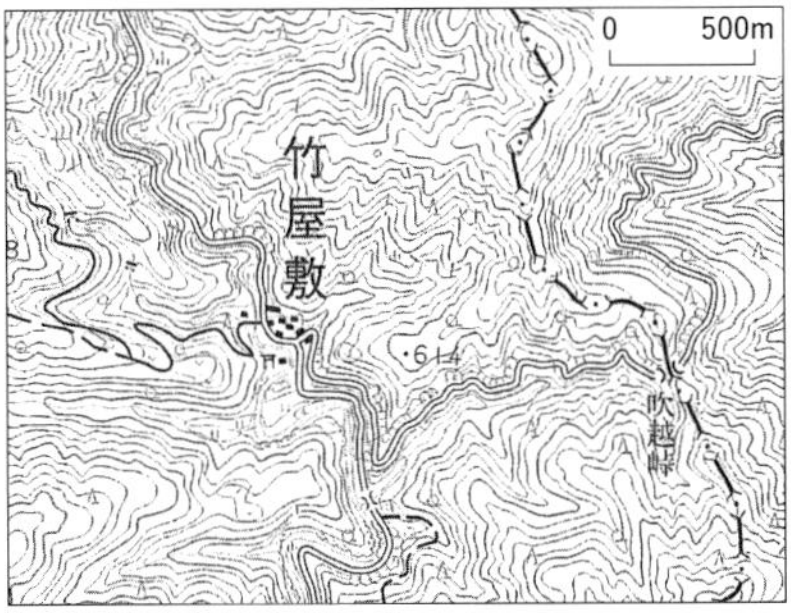

五万地形図 馬路（国土地理院、平成14）
集落はわずかな戸数になってから平成29年まで残った。

高知県

上《かみ》岡《おか》

道なき道を2時間歩く戦後開拓集落跡

香美市物部《ものべ》町上岡字瑞穂

移転年　1962（昭和37）年
戸数　7戸（昭和36）
個別移転【戦後開拓集落】
標高　828m（分校跡）

累計訪問数 680ヵ所　43

上岡は土佐湾に注ぐ物部《ものべ》川水系川之瀬《かわのせ》谷流域の尾根上にあった戦後開拓集落で、JR土佐山田駅から川之瀬谷の上岡入口まで32km（クルマで1時間15分）、道なき道を2km（徒歩2時間強）。単独では行くべきではない。

上岡開拓集落は、1948（昭和23）年、川之瀬谷北側、標高差約400mの尾根上に入植して成立。当初は国有林の伐採などで成果を挙げたが、水の便が悪く、酸性土壌は農業には向かなかった。62（昭和37）年1月、集落が撤退してから、物部村（当時）が放牧場として活用した時期があったが、73年頃にこれも撤退し、その後は村有林となった。

到達難度が高い廃村は、記憶に強く残る。四国でいちばん難度が高い廃校廃村は、上岡に違いない。北海道は日高管内の高見《たかみ》ではないだろうか。東北の岩手県卯根倉《うねくら》、九州の鹿児島県（トカラ列島）臥蛇島《がじゃじま》には行き着いていないが、いつか足を運びたいところだ。